Yvonne Oswald / Sandra Vlasta

Reisen im Salzkammergut

Oberösterreichisches Seengebiet

Yvonne Oswald / Sandra Vlasta

Reisen im Salzkammergut

Oberösterreichisches Seengebiet

braumüller
lesethek

Bibliografische Information der Deutschen Nationalbibliothek
Die Deutsche Nationalbibliothek verzeichnet diese Publikation in der Deutschen Nationalbibliografie; detaillierte bibliografische Daten sind im Internet über http://dnb.d-nb.de abrufbar.

Printed in Austria

1. Auflage 2011

Servitengasse 5, A-1090 Wien

www.braumueller.at

Karte S. 6, 14, 17, 28, 32, 34, 46, 63, 68, 72, 82, 84, 95, 100, 108 © Ed. Hölzel, Wien, www.hoelzel.at.
S. 14: www.sxc.hu, S. 47: ÖBf Archiv, S. 87: Lucho Lalev, S. 108: Arnold Paul/wikipedia, S. 110: Andrea Kratzenberg
Beigelegte Karte: © freytag & berndt
Wir danken den Salzwelten Altaussee und Hallstatt für die Aufnahmegenehmigung in den Schaubergwerken.

Fotos: Yvonne Oswald
Text: Sandra Vlasta
Druck: Ferdinand Berger & Söhne Gesellschaft m.b.H., A-3580 Horn
ISBN 978-3-99100-052-5

Inhalt

Bild links: Eine Bootspartie am Attersee
Coverbild: Am Attersee

Salzkammergut

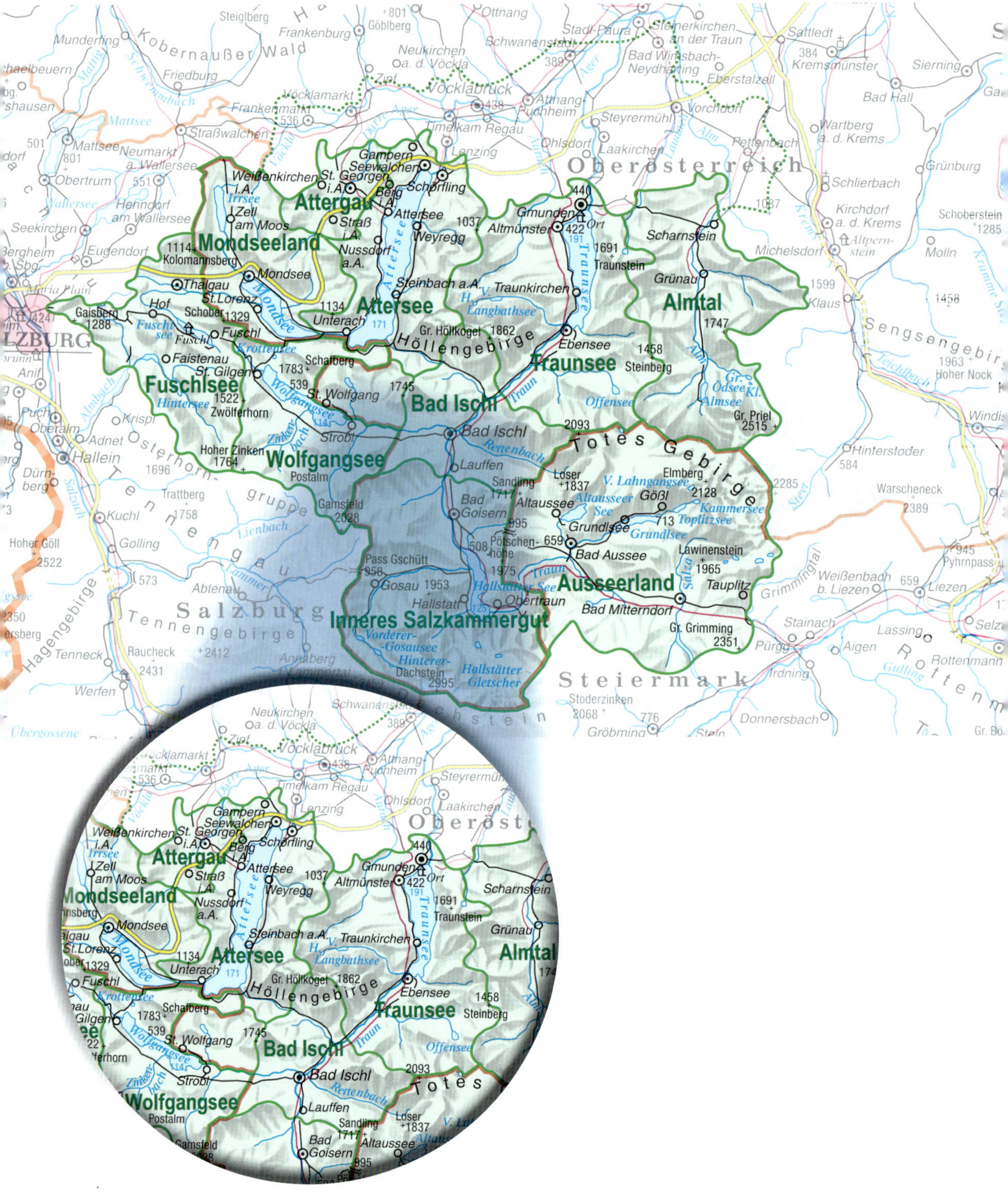

Oberösterreichisches Seengebiet

Das Salzkammergut – eine der landschaftlich schönsten und bekanntesten Regionen Österreichs, geprägt von Seen und Bergen, Wäldern und Flüssen. Die dreiteilige Reihe *Reisen im Salzkammergut* möchte Sie einladen zu einer faszinierenden Entdeckungsreise durch die zehn Regionen des Salzkammerguts. Auf der Fahrt durch das *Oberösterreichische Seengebiet* führen wir Sie vom Mondseeland über die Regionen Attersee und Attergau an den Traunsee und bis ins Almtal. Seit langer Zeit hat das Salzkammergut historische Bedeutung: Die Salzvorkommen wurden seit prähistorischer Zeit genützt und gaben dem Kulturraum politisches und wirtschaftliches Gewicht. Das oberösterreichische Seengebiet wurde dabei ab dem 16. Jahrhundert vor allem als Holzlieferant für die Salinen geschätzt. Im 19. Jahrhundert wurde das oberösterreichische Salzkammergut schließlich zur beliebten Sommerfrische von Großbürgertum und Künstlern.

Unsere Reise führt Sie zu versteckten Kleinoden abseits bekannter Reiseziele und zeigt Ihnen das heutige Leben im Salzkammergut. Viele Fotos und aufschlussreiche Texte bringen Ihnen die reizvollen Berg- und Seenlandschaften näher und geben Einblick in die reiche Geschichte und das immer noch lebendige Brauchtum der Region. *Oberösterreichisches Seengebiet* zeigt Kennern wunderbare Varianten des Kulturraums, wer die Region entdecken will, erlebt sie hier von ihren schönsten Seiten.

Alle Regionen, durch die Sie dieser Band führt, gehören zum Salzkammergut. In jedem Kapitel dient Ihnen ein Detailausschnitt aus der Karte zur Orientierung.

Kurze Geschichte des Salzkammerguts

Salzkammergut – der Name der Region macht bereits deutlich, worauf ihr Reichtum gründet, was diesen Zusammenhalt unterschiedlichster Gebiete über die Jahrhunderte geschaffen hat und nach wie vor formt: Salz, das weiße Gold. Die Geschichte des kostbaren Gutes ist untrennbar mit jener des Salzkammerguts verbunden. Nach den neuesten archäologischen Funden ist anzunehmen, dass diese Verbindung vor rund 7000 Jahren begonnen hat, und nach wie vor ist Salz, abgesehen von der wunderbaren Landschaft, einer der Schätze der Region, sei es als Rohstoff oder als Attraktion für Touristen.

Das Salzkammergut wurde bis zum 16. Jahrhundert das „Ischlland" genannt, wobei diese Bezeichnung für die Gegend zwischen Hallstätter See und Traunsee galt; das Ausseerland war nicht eingeschlossen. Das Ischlland war bereits Anfang des 14. Jahrhunderts zum „Kammergut" geworden. Dies bedeutet, dass es dem Landesfürsten unterstellt war und direkt von der Hofkammer (die dem heutigen Finanzministerium entsprach) in Wien verwaltet wurde. Wiederum ist es das Salz, das dieses große Interesse der Landesherren, der Habsburger, begründete. Bis Mitte des 19. Jahrhunderts wurde zwischen dem oberöster-

Sommerfrische

reichischen und dem steirischen Salzkammergut unterschieden. Als das einst mächtige Salzamt 1850 zur Salinen- und Forstdirektion wurde und die Region immer stärker vom Fremdenverkehr profitierte, wurden auch die alten Grenzen nicht mehr so streng gesehen. Bis heute ist es nur positiv für die ansässigen Fremdenverkehrsämter, wenn das bei den Besuchern beliebte Salzkammergut ein möglichst großes Gebiet umfasst. Und so gehören heute auch Regionen dazu, die vormals hauptsächlich als Holzlieferanten für den Betrieb der Salinen wichtig waren, aber selbst nicht zum Kammergut zählten – wie das Mondseeland, der Attergau und die Region Attersee.

Über den Beginn des Salzabbaus im Salzkammergut weiß man wenig, die frühesten Funde am Salzberg in Hallstatt – ein Pickel aus Hirschgeweih sowie einige Steinbeile – sind ungefähr 7000 Jahre alt. Allerdings ist es bislang nicht gelungen, die vielen Rätsel, die sich aus den Funden ergeben, zu klären. Sicher ist lediglich, dass der hallstattzeitliche Bergbau (ab 900 v. Chr.) durch eine Katastrophe im 4. Jahrhundert v. Chr. jäh zu Ende ging: Das Hochtal bei Hallstatt wurde von einer Mure erfasst, die den weiteren Salzabbau nicht mehr möglich machte.

Ab 1278 wurden die östlichen Teile des heutigen Salzkammerguts von den Habsburgern regiert, die daran interes-

Bürgerhäuser in Mondsee

siert waren, den Salzabbau in der Region wieder verstärkt zu betreiben. Die Habsburger hatten im Salzkammergut zwei Salzvorkommen zur Verfügung: Hallstatt und Altaussee. Als Albrecht I. 1308 starb, übernahm seine Witwe Elisabeth von Görz-Tirol die Neuorganisation des Hallstätter Salzwesens. Sie ließ weitere Stollen schlagen und machte den Salzberg sowie das für den Weitertransport des Salzes wichtige Trauntal von Hallstatt über Ischl bis Gmunden – das damals sogenannte Ischlland – zum Kammergut, das fortan direkt den Landesfürsten unterstellt war, also quasi zum Privatbesitz der Habsburger wurde. Außerdem reformierte Elisabeth die Strukturen des Bergbaus, indem sie den Stand der „Salzfertiger" einführte. Sie übernahmen das Salz aus dem Bergwerk, dörrten und verpackten es und waren für seinen Transport und Verkauf zuständig.

Das Ischlland war als Kammergut zu einer der wichtigsten Einnahmequellen für die Kassen der Landesfürsten geworden. Entsprechend ernst nahm man seine Verwaltung: Der „Salzamtmann", der als hoher kaiserlicher Beamter nur der Hofkammer – also dem heutigen Finanzministerium – verpflichtet war, hatte von seinem Amtssitz in Gmunden aus die Oberhoheit über praktisch alle Belange des täglichen Lebens der Bevölkerung. Aus- und Einreisen in die Region waren kaum möglich,

Regenstimmung am Attersee
Bild rechts: Apfelblüte am Attersee

es galt Sesshaftigkeit. Auch Eheschließungen wurden reglementiert. Da Aufstände brutal niedergeschlagen wurden, blieb den Einheimischen nur die Unterwerfung unter die jeweiligen Herrscher. Diese wurden immer mächtiger: Ende des 14. Jahrhunderts erwarben die Habsburger mit dem Attergau rund um den Attersee einen wichtigen Holzlieferanten. Große Mengen an Holz wurden in den Pfannhäusern benötigt, in denen die Sole erhitzt wurde, bis das gesamte Wasser verdampft war und das Salz übrig blieb.

Etwa zur selben Zeit beschlossen die beiden Söhne Albrecht II. den „Neuberger Teilungsvertrag“: Albrecht III. erhielt unter anderem Hallstatt, Ober- und Niederösterreich sowie die Stadt Steyr, Leopold III. unter anderem die Steiermark und damit die Saline Aussee, Kärnten, Krain, Tirol, Inneristrien und das Küstenland an der Adria. Hallstatt wurde in der Folge allerdings mehrmals an verschiedene Pächter vergeben, die Wälder rücksichtslos ausgebeutet, der Salzberg zum Sanierungsfall.

Erst Maximilian I. gelang neben der Wiedervereinigung der beiden Habsburgerlinien auch die Reform der Salinen. Er beendete die Pachtverhältnisse in Hallstatt und unterstellte den Salzberg wieder direkt einer Regierungsbehörde. Er ließ das Innere Salzkammergut wieder aufforsten. Als zusätzliche Holzlieferanten erwarb Maximilian das waldreiche Mondseeland sowie Teile des Wolfgangsees. Anfang des 16. Jahrhunderts waren sowohl der oberösterreichische als auch der steirische Teil des Salzkammerguts wertvolle Einnahmequellen geworden, die sich wieder fest in der Hand der Habsburger befanden.

Bereits im 9. Jahrhundert hatte man begonnen, Salz auf dem Wasserweg über die Traun von Hallstatt bis zur Donau zu transportieren. Zahlreiche Helfer aus verschiedensten Professionen waren nötig, um das Salz auf dieser nicht immer einfachen Reise zu begleiten: Die „Salzfertiger“ bereiteten das Salz für die Reise vor und waren für das Trocknen (das „Dörren“) zuständig, wenn das Gut einmal feucht geworden war. Es gab Personen, die für das Be- und Entladen der sogenannten „Zillen“ zuständig waren, andere wieder, die das Wasser der Traun im Auge behiel-

Nebelstimmung bei Aichereben

ten, und eigene Binnenmatrosen für die Traunschifffahrt.

Relativ bald ging man daran, Alternativen zum Transport auf dem Wasserweg zu suchen. Das hatte vor allem auch mit dem Bau der Saline Ebensee im ausgehenden 16. Jahrhundert unter Rudolf II. zu tun. Der Standort wurde aufgrund des üppigen Waldvorkommens gewählt: Im Gebiet von Hallstatt war Holz knapp geworden, um Ebensee hingegen gab es reichlich davon. Nun war es aber notwendig, die Sole zur Saline zu transportieren. Um die rund 40 km lange Strecke zu überwinden, wurde 1592 mit der Konstruktion der ersten Soleleitung begonnen: Aus 13.000 Bäumen wurden die Rohre dafür geschnitzt. Heute besteht die Soleleitung aus Kunststoffrohren, ist aber immer noch in Betrieb; die Wanderung entlang der Leitung bietet wunderschöne Ausblicke.

Seit jeher war das Salzkammergut für die Habsburger nicht nur eine wirtschaftlich bedeutende Region, sondern lud mit seinen weiten Jagdgründen auch zu Aufenthalten abseits geschäftlicher Termine ein. Die Orte wurden bei solch hohen Besuchen entsprechend festlich herausgeputzt, auch gab es prunkvolle Empfänge für die hohen Gäste. Die Lebensrealität der Bevölkerung war aber eine ganz andere: Die Arbeiter in den Salzbergwerken verdienten so wenig, dass sie ums Überleben kämpften, der Gesundheitszustand eines Großteils der Bevölkerung war miserabel.

Der schlechte Gesundheitszustand der Salinenarbeiter war es denn auch, der den Salinenarzt Dr. Josef Götz dazu brachte, Hautkrankheiten, Gicht oder Rheumatismus versuchsweise mit warmen Solebädern zu behandeln. Sein Erfolg sprach sich bis nach Wien durch, wo der prominente Dr. Franz Wirer den Gedanken aufgriff. Er ließ sich in Ischl nieder, war mit seinen Kuren erfolgreich und es gelang ihm, reiche Patienten aus ganz Europa für den kleinen Ort zu begeistern. Für die Einheimischen war diese Entwicklung erfreulich, bot sich doch mit dem beginnenden Tourismus eine Alternative zur harten Arbeit im Salzbergwerk.

Der zunehmende Reiseverkehr war auch für weitere infrastrukturelle Neuerungen im Salzkammergut verantwortlich: Mit der heutigen Westbahn konnte man ab 1860 von Wien nach Salzburg reisen, 1877 erreichte die Eisenbahn auch Gmunden, Ischl und Aussee. Wenig später – 1893 – war die Salzkammergut-Lokalbahn fertiggestellt, die Salzburg mit dem Mondsee, Ischl und Wolfgangsee verband – ein neues Zeitalter war angebrochen. Dieser Fortschritt öffnete das ehemals abgeschlossene und schwer zugängliche Salzkammergut der großen Welt – eine Offenheit, die sich bis heute erhalten hat.

Blick auf den Traunstein von Traunkirchen

Mondseeland

Wir beginnen unsere Reise in das oberösterreichische Seengebiet in seiner westlichsten Region, dem Mondseeland. „Unstreitig einer der reizendsten Alpenseen im oberösterreichischen Berglande, besäumt mit lachenden, im Westen von mächtigen Steinwänden begrenzten, malerisch angelegten Ufern, ist der schöne blaue Mondsee." – Diese Beschreibung aus einem Salzkammergut-Reiseführer des 19. Jahrhunderts kann noch immer gelten. Denn der Mondsee, der dem Gebiet den Namen gibt, bietet viele Vorteile für seine Besucher: Er ist verkehrstechnisch gut erreichbar und neben dem Attersee der einzige unter den Salzkammergutseen, der zur Gänze umfahren werden kann. Und er wirkt mit seinen sanft ins Alpenvorland übergehenden Ufern im Norden vielleicht weniger abweisend als seine südlicheren Nachbarn. Mit Temperaturen bis zu 26 ° Celsius ist der Mondsee einer der wärmsten Seen der Region, sehr anziehend für Wassersportler und Badegäste, die auch seine noch vorhandenen stillen Uferplätze schätzen.

Für die typische Sommerfrische hat man den Mondsee erst später als andere Regionen des Salzkammerguts entdeckt, stand doch das Mondseeland, genauso wie die Gegend um den Attersee und den Wolfgangsee, mit der Salzregion vorerst vor allem als Holzlieferant in Verbindung. Der Bau der Salzkammergut-Lokalbahn, die von 1893 bis 1957 zwischen Salzburg und Bad Ischl verkehrte, brachte jedoch die große Veränderung: Jetzt waren neue Gebiete zugänglich; die Bezeichnung „Salzkammergut" war endgültig von einem Wirtschafts- zu einem Landschaftsbegriff geworden. Nun begannen die Touristen das Mondseeland zu entdecken und zu schätzen, nicht zuletzt, weil es wesentlich günstiger war als das kaiserliche Bad Ischl und weil es mit seinem „südlich heiteren Anblick", wie die Reisende Helmina von Chézy bereits Mitte des 19. Jahrhunderts schreibt, viele Reize bietet. Bald zählte Mondsee neben Bad Ischl zu den beliebtesten Kurorten des Salzkammerguts, in dem die fortschrittlichen Therapiemethoden des Kurarztes Dr. Emil Flatz angewandt wurden. Sein „Wunderwasser" – mit Blütenstaub versetztes Seewasser – kam heutigen Wellness-Angeboten schon recht nahe.

Bild rechts: Der Kreuzstein – eines der bekanntesten Mondseer Motive

F. I.
BRÄU
Juwelenstiege

Mondsee

Von Norden kommend trifft man als ersten Ort auf das beschauliche Mondsee, das mit seinen Klosterbauten und dem Marktplatz zum Verweilen einlädt. Neben der barocken ehemaligen Stiftskirche, in der Werke des Barockmeisters Meinrad Guggenbichler zu finden sind, und einem Schloss kann Mondsee mit einigen Museen sowie Kaffeehäusern und Restaurants aufwarten.

Besiedelt war das Mondseeland schon in urgeschichtlicher Zeit – im 19. Jahrhundert entdeckte man unter Wasser die Reste jungsteinzeitlicher Siedlungen. Die Pfahlbauten, Werkzeuge aus Stein und Knochen, Keramik und Töpferware stammen aus der Zeit zwischen 2800 bis 1800 v. Chr., einer Periode, die in der Folge den Namen „Mondseekultur" erhielt. Die wichtigsten Funde aus der Region sind heute im Österreichischen Pfahlbaumuseum in Mondsee zu besichtigen. Das heutige Schloss Mondsee befindet sich in den Gebäuden des einst ältesten Klosters Österreichs. Es wurde 748 vom bayerischen Herzog Uthilo gestiftet.

Bild links: Der Brunnen am Marktplatz in Mondsee – eine historische Aufnahme
Bild unten: Mondseer Motive

Micheline Almeida und die legendäre Castello Bar

Eine der letzten privaten Besitzer von Schloss und See Mondsee war Micheline Almeida, auch in Zeiten der Republik immer noch „Gräfin" genannt. Für Stammgäste der Castello Bar, die sie im Schloss eingerichtet hatte, war sie allerdings „die Mich". Die Bar wird von Fans als der mondänste Ort beschrieben, den Österreich nach dem Zweiten Weltkrieg zu bieten hatte; Gräfin Almeida betrieb sie voller Esprit und wusste illustre Gäste nach Mondsee zu locken. In Mondsee ist man jedenfalls stolz auf die letzte Gräfin, deren Statue auf den geliebten See blickt.

Bild oben: Die bekannte Mondseerin Micheline Almeida
Bild unten: Die Pfarrkirche St. Michael in Mondsee
Rechte Seite oben und unten: Detail von Schloss Mondsee

Bedeutend wurde das Kloster schon bald durch seine Schreibschule. Bereits aus der Zeit vor 800 sind Bruchstücke von Evangelien erhalten, darunter der berühmte „Tassilopsalter", nach seinem jetzigen Aufbewahrungsort auch „Psalter von Montpellier" genannt. Ebenfalls hier entstanden sind um 825 die sogenannten „Mondseer Fragmente", welche die frühesten bekannten Bibelübersetzungen ins Althochdeutsche enthalten. Wichtige Dokumente der Mondseer Schreibschule und Buchmalerei werden heute in der Wiener Nationalbibliothek aufbewahrt.

Seine Blütezeit erlebte das Kloster zu Mondsee im 15. Jahrhundert. Abt Simon Reuchlin übernahm die von Melk ausgehende Reform. Fast alle Kirchen der Region sowie das Klostergebäude wurden erneuert und 1514 das Stiftsgymnasium gegründet, das bis zur Auflösung des Klosters bestehen sollte. Im Anschluss an die Reformen Kaiser Josefs II. wurde das Kloster, das bereits 1774 bei einem Brand schwer beschädigt worden war, im Jahr 1791 durch Kaiser Leopold II. aufgelöst. Das Gebäude wird seither als Schloss bezeichnet. Bei den Friedensverhandlungen 1809 fielen die Gebäude an Napoleon, der sie dem bayerischen Feldmarschall Karl Philipp Graf (später Fürst) Wrede als Dank für dessen militärische Verdienste vermachte. Wrede hatte jedoch keine männlichen Nachkommen; so ging das Schloss an die aus Portugal stammende, später nach Brasilien ausgewanderte Familie Almeida, in die Wredes Tochter Helena eingeheiratet hatte. Wenngleich Schloss Mondsee 1985 von der Familie Almeida verkauft wurde, blieb der See in ihrem Besitz. Das Schloss beherbergt heute verschiedenste Funktionen – vom Heimatmuseum bis zum Schlosshotel.

Die Geschichte der heutigen Mondseer Pfarrkirche St. Michael ist naturgemäß eng mit jener des Klosters in Mondsee verbunden. Bereits in vorromanischer und

Bilder diese Doppelseite: Innenansichten der Pfarrkirche St. Michael in Mondsee

romanischer Zeit stand hier eine Kirche, der bis heute erhaltene gotische Bau wurde 1487 errichtet. Das dreischiffige spätgotische Netzrippengewölbe ist erhalten, ebenso das Sakristeiportal von 1488 sowie einige Tafelbilder des Flügelaltars von Michael Pacher.

Für den heutigen Betrachter sind jedoch die barocken Elemente der Kirche auffälliger: Bereits 1626 errichtete der Bildhauer Hans Waldburger den bis zu 18 m hohen frühbarocken Hauptaltar, sieben weitere hochbarocke Altäre wurden von Meinrad Guggenbichler, dem „Meister von Mondsee", angefertigt. Im St. Wolfgang-Altar, der sich links der von ihm gestalteten Kanzel befindet, hat Guggenbichler übrigens auch die Region verewigt: Im Hintergrund des Altarblatts erkennt man den Schafberg.

Zu den 1000-Jahr-Feiern des Klosters ließ Abt Bernhard Lidl, der vorletzte Abt von Mondsee dem gotischen Bau die prächtige barocke Doppelturmfassade voranstellen. Die Türme der Fassade sind imposante 52 m hoch. An ihrer Nordseite ist die Kirche mit dem ehemaligen Kloster verbunden, integriert sind außerdem die ehemalige Schatzkammer des Klosters sowie seine berühmte, 36 m lange gotische Klosterbibliothek. Sie wird derzeit, ebenso wie der ehemalige Betchor der Mönche, als Teil des Museums Mondseeland genützt.

Vor allem bei amerikanischen Besuchern ist die Kirche beliebt: Hier wurde die Hochzeitsszene des Baron von Trapp mit seiner Maria, gespielt von Julie Andrews, für den Kultfilm *The Sound of Music* gedreht.

Blick vom Rauchhaus auf die Pfarrkirche St. Michael
Bilder rechte Seite: Rauchhaus Mondsee

Ein Besuch des Freilichtmuseums „Mondseer Rauchhaus", etwas oberhalb der Kirche gelegen, lohnt sich schon allein wegen des reizvollen Blicks auf den Ort, bietet aber vor allem Einblick in ursprüngliche Lebensformen im Mondseeland. Das Rauchhaus stammt aus dem 15. Jahrhundert; es ist das Bauerngehöft „Unterer Bischofer", das 1959 beim Autobahnbau abgetragen und am heutigen Standplatz wieder aufgebaut wurde.

Bei diesem Rauchhaus, das neben zahlreichen Nebengebäuden wie dem Zuhaus („Noarimhäusl"), dem Dörrhaus („Dörrbadl") oder dem Getreidekasten („Troadkastn") den Mittelpunkt des Museums bildet, handelt es sich um das letzte Beispiel dieser ursprünglichen Hausform im Mondseeland.

Das Mondseer Rauchhaus ist ein sogenannter Einhof oder Einhaus, was bedeutet, dass sich Wohnbereich und Wirtschaftstrakt (Stall und Stadel) unter einem Dach befinden. Das besondere Merkmal eines „Rauchhauses" jedoch ist, dass das Haus keinen Kamin besitzt, sondern der Rauch der Feuerstellen durch das ganze Haus und die Fugen im Einschindeldach abzieht. Dadurch wurde das Getreide getrocknet, das sich im Rauchboden („Rauh") über dem Wohnraum befand. Über den geschützten Feuerstellen im Haus hing das Fleisch zum Selchen, das Feuer diente außerdem zum Erwärmen der

Kachelöfen in Stube und Stübel, in denen die Bauernfamilie sowie die Altbauern wohnten. Wer das Gebäude an kalten Tagen zu Beginn und am Ende der Saison, wenn geheizt wird, besucht, kann heute noch den Rauch riechen, der sich in den vergangenen Jahrhunderten im rußgeschwärzten Mauerwerk festgesetzt hat.

Neben diesen kulturhistorischen Besonderheiten bietet die Region Mondseeland auch landschaftlich Reizvolles. So springen den Besuchern neben dem herrlichen See auch zwei markante Berge ins Auge: Da ist einmal der Schafberg, der sich am südlichen Ende des Mondsees erhebt und dessen eigenartige Nase von der Scharflinger Bucht besonders gut zu erkennen ist. Der zweite, nicht minder eindrucksvolle Berg ist die Drachenwand, die gemeinsam mit dem Schober und der Schatzwand einen Teil der Grenze zu Salzburg bildet. Viele Geschichten ranken sich um die steil abfallende Felswand, so zum Beispiel die Sage um das Loch in der Drachenwand. Es heißt, ein Drache habe einst eine Jungfrau aus St. Wolfgang Richtung Mondsee entführt. Beim seinem Flug sei das dumme Tier jedoch mitsamt der Jungfrau mit der Wand kollidiert und habe dabei ein Loch in den Felsen gerissen.

Zur Geschichte des markanten Kreuzsteins, eines Felsblocks im Mondsee, auf dem zwei Kreuze stehen, finden sich nur wenige Hinweise. Eine Variante lautet, dass der Stein an einen Pferdekutschenunfall erinnere, dem im 19. Jahrhundert alle Insassen zum

Bild oben: Pichl am See mit Blick auf die Drachenwand
Bild unten: Gewitterstimmung bei Loibichl

Strindberg am Mondsee

Im Sommer 1893 hielt sich der große Schriftsteller August Strindberg für acht Tage in der „Villa Uhl" in Mondsee auf. Doch was hatte ihn ins Salzkammergut geführt?

Die heutige „Strindberg-Villa", ein prachtvoller Bau nach Entwürfen eines Schülers der Wiener Hofopernarchitekten van der Nüll und Siccardsburg, gehörte der Familie Uhl, in die Strindberg eingeheiratet hatte. Im Sommer 1893 lud Maria Uhl ihren frisch gebackenen Schwiegersohn dorthin ein. Strindberg reiste allein an – mit seiner Ehefrau Frida hatte er sich auf der Hochzeitsreise so zerstritten, dass sie es vorzog, in London zu bleiben.

Strindberg ist zunächst von der Villa und ihrer schönen Lage begeistert, er nennt sie ein „prächtiges Haus". Das Idyll hält allerdings nur kurz an. Wenngleich Fridas Mutter Strindberg sehr herzlich begegnet, ist ihr Vater, Regierungsrat Friedrich Uhl, zwar vom Genie des Autors überzeugt, nicht aber von seiner Eignung als Schwiegersohn. Die Situation spitzt sich immer mehr zu, schließlich wird Strindberg nach acht Tagen zuerst höflich, dann aber bestimmt vom Schwiegervater hinausgeworfen.

Strindberg empfindet den Hinauswurf allerdings als Befreiung und bezeichnet die „Uhl-Villa" nun als „Schlangengrube". Mit seiner Ehefrau trifft er wieder in Berlin zusammen, die Ehe hält aber nur noch kurze Zeit. Frida Strindberg kehrt am Ende ihres Lebens an den Mondsee zurück, wo sie wieder die „Villa Uhl" bezieht.

Opfer gefallen seien. Heute ist der Bereich um den Kreuzstein bei Tauchern beliebt und als Foto-Motiv zu einem der Kennzeichen des Mondsees geworden.

So mancher Besucher wundert sich über die Ortstafel, auf die er zwischen Mondsee und St. Lorenz stößt: „Schwarzindien“ steht da und man wähnt sich wohl nicht mehr im oberösterreichischen Salzkammergut. Wie so oft gibt es zur Herkunft dieses Namens verschiedene Versionen, die bekannteste lautet folgendermaßen: Im besonders heißen Sommer des Jahres 1880 vertrieb man die einheimischen Jugendlichen aus den Mondseer Strandbädern, die den feinen (und gut zahlenden) Touristen aus der Stadt vorbehalten bleiben sollten. Die derart Verbannten bauten sich daraufhin ein Floß, mit dessen Hilfe sie über den See setzten und einen etwas weiter südlich gelegenen Platz am Seeufer „eroberten“. Ihr Stück Land wurde beflaggt und „Schwarzindien“ genannt, nicht zuletzt aufgrund der Ausrufe erschrockener Badegäste, die die braun gebrannten Kinder „schwarze Indianer“ nannten. Schon bald wurde eine Jausenstation mit demselben Namen errichtet; es folgten eine Lokalbahn-Haltestelle und schließlich auch die Ortsschilder.

Idyll in Schwarzindien
Nächste Doppelseite: Herbstlicher Blick auf die Drachenwand

Morgendunst über dem Irrsee

Irrsee

Die Region Mondseeland hat neben dem namensgebenden noch mit einem weiteren reizvollen See aufzuwarten: dem Irrsee, der etwas nördlich vom Mondsee liegt. Das unter Naturschutz stehende Gewässer bietet neben Ruhe und wunderbarer Landschaft eine geheimnisvolle Sage um seine Namensgebung. Denn eigentlich hat der Irrsee drei Namen: Zeller See, Jungfernsee und eben Irrsee. Ersterer leitet sich vom größten an diesem See gelegenen

Ort, Zell am Moos, ab, Letzterer ist der allgemein geläufige. Der Name Jungfernsee hingegen spielt auf den Ursprung des Sees an, freilich jenen, der

aus dem Reich der Sagen bekannt ist. So schreibt das *Salzachkreisblatt* Anfang des 19. Jahrhunderts vom Bericht eines greisen, kahlköpfigen Mannes, dem die Entstehungsgeschichte des Sees wiederum von seinem Vater und Großvater überliefert worden war: Wo sich heute der See befindet, standen einst eine Kirche und ein Schloss, das im gemeinsamen Besitz zweier Schwestern war. Die beiden waren jedoch von recht unterschiedlichem Charakter: Während die eine als sehr geizig galt, war die andere außerordentlich großzügig, um nicht zu sagen verschwenderisch. Die Wohltäterin machte ihrer geizigen Schwester immer wieder Vorhaltungen, doch vergebens. Auf ihre flehentlichen Gebete, ihre Schwester möge bekehrt werden, erhielt sie eine radikale Antwort: Schloss, Kirche und die gesamte umliegende Gegend versanken und der Jungfernsee, heute Irrsee, entstand. An heiteren Tagen soll man den versunkenen Kirchturm noch deutlich im See sehen können.

Das Bild eines versunkenen Ortes hat wohl auch mit der sumpfigen Gegend um den Irrsee zu tun, an dessen Nord- und Südende sich größere Moorflächen finden. Heute weiß man, dass dies darauf schließen lässt, dass der See – wie alle Salzkammergutseen – in der letzten Eiszeit entstanden ist. Die Ufer des Irrsees sind von Schilf bewachsen, wodurch der See einen besonderen Lebensraum für seltene Pflanzen und Tiere bietet, weswegen das Gewässer auch unter Naturschutz steht. Tauchgänge und Bootsfahrten auf dem See sind deshalb verboten, das Baden ist aber erlaubt: Das ist erfreulich, zählt der Irrsee doch zu den wärmsten Seen im Salzkammergut.

Neben dem See bietet die Gegend um den Irrsee einige interessante Ausflugsziele wie das Irrseer Heimathaus in Zell am Moos, wo man der regionalen bäuerlichen Lebensweise vergangener Zeiten nachspüren kann. Ausgestellt sind Handwerk und Brauchtum, Rauchküchen, Backöfen, eine Schnapsbrennerei sowie unzählige Alltagsgegenstände.

In der Kolomanskirche

Sehr lohnend ist außerdem der Kirchenweg zur Kolomanskirche, die knapp unterhalb des 1114 m hohen Gipfels des Kolomansberges liegt. Immer wieder bietet der Weg schöne Ausblicke, der Gipfel ist allerdings militärisches Sperrgebiet und nicht zugänglich.

Die Kolomanskirche, die älteste Holzkirche Österreichs, ist seit über 500 Jahren Ziel von Pilgern und Prozessionen. Sie wurde dem heiligen Koloman geweiht, der der Legende nach die unweit der Kirche gelegene Heilquelle erweckt haben soll. Belegt ist der Kolomansbrunnen seit 1462, wo er erstmals urkundlich erwähnt wird. An der Quelle fand sich zuerst nur eine Kreuzsäule, etwas später, 1511, wurde das erste Mal von einer Kapelle berichtet. Damit gab es für die Wallfahrer einen Ort, an dem sie ihre mitgebrachten Opfer niederlegen konnten.

Die Urkunden sprechen von einer im Jahr 1658 erneuerten Kapelle; 1742 ließ der damalige Abt des Klosters in Mondsee die bis heute erhaltene Holzkirche etwas oberhalb der Quelle errichten. Der hübsche Barockaltar der Kirche stammt allerdings aus der ursprünglichen Kapelle. Der acht mal zehn Meter große Bau besteht aus zusammengefügten Baumstämmen, die außen mit Schindeln verkleidet wurden. Innen ist die Kirche weiß getüncht. Nicht erhalten geblieben sind die zahlreichen Opfergaben, die früher an den Wänden der Kirche hingen: hölzerne Hände, Füße oder Lungen. Darstellungen aus dem 19. und 20. Jahrhundert zieren nun das Innere der Kirche – dies scheint mehr den Erwartungen der modernen Wanderer zu entsprechen, die die Kirche auf ihrem Weg besuchen.

Bild oben: Fischerhaus am Irrsee
Bild links oben: Lichtspiele am Irrsee
Bild links unten: Früh am Morgen – Fischer am Irrsee

Attersee

Eine Reise in die Region Attersee führt zum größten See des Salzkammerguts, dessen Reize schnell deutlich werden: Der See lockt mit seinen ständig wechselnden Farben je nach Sonneneinstrahlung, Wind und Strömung; die Nuancen sind dem hohen Kalkgehalt des Wassers geschuldet. Eingeweihte können an den Blau-, Grün- oder Grautönen des Attersees sogar das Wetter vorhersagen. Eindrucksvoll ist auch das mächtige Höllengebirge, ein am südöstlichen Ufer des Sees steil aufragendes Kalkmassiv, dessen höchster Punkt, der Große Höllkogel, 1862 m erreicht. Eine der schönsten Möglichkeiten, beides zu erleben, ist eine Schiffsrundfahrt auf dem See, dessen Uferlandschaft leider mehr noch als die anderer Seen des Salzkammerguts durch die in den 1960er-Jahren errichtete Straße ge- und zerstört wird.

Der Attersee gehört zu jenen Regionen des Salzkammerguts, die jahrhundertelang vor allem als Holzlieferanten für die Salinen Bedeutung hatten. Aufschwung nahm die Region erst Mitte des 19. Jahrhunderts, als sie für die Sommerfrische entdeckt wurde. Von Bad Ischl aus hatten Gäste das reizvolle Weißenbachtal erkundet, wobei sie bis an das Ufer des Attersees gelangten. Per Schiff setzte man von Weißenbach nach Unterach über, ein neuer Ort für die Sommerfrische war gefunden.

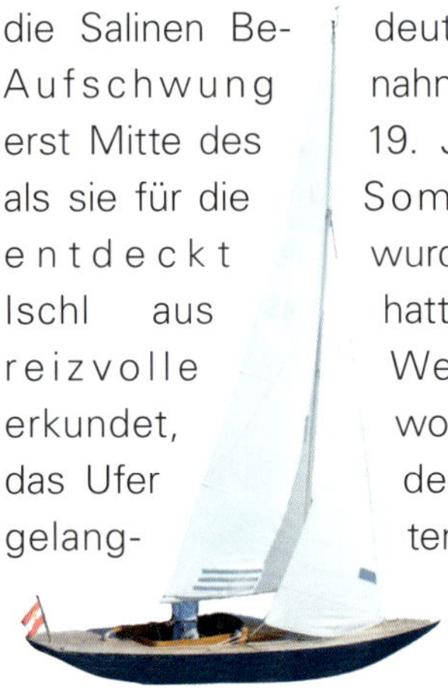

Während Bad Ischl sowie die Gegend um den Traunsee das Umfeld für den Hof und sein Gefolge waren, etablierte sich am Attersee das städtische Bürgertum. Hier gab es Platz genug, um eigene Villen und Landhäuser zu errichten. Und so kam es ab 1870 zu einem wahren Bauboom; binnen weniger Jahre verdoppelte sich die Anzahl der Häuser in Seewalchen, Unterach und Steinbach. Viele der Villen sind auch heute noch erhalten.

Die neue Sommerfrische am Attersee zog schon bald Künstler an. Gustav Mahler komponierte hier, Gustav Klimts Motive der Region haben weltweite Berühmtheit erlangt, am „Berghof" oberhalb von Unterach entstand eine Künstlerkolonie. Noch immer zieht der See viele Künstler an: Nikolaus Harnoncourt, Heinrich Schiff, Franz Welser-Möst und viele andere leben oder verbringen ihre Sommer hier.

Bild rechts: Wasserspiegelung bei Unterach

Seewalchen und Schörfling

Seewalchen und Schörfling werden nur von der Ager, dem Abfluss des Attersees, voneinander getrennt. Vom See aus betrachtet wird Schörfling von Schloss Kammer dominiert, einem massiven rechteckigen, dreigeschossigen Bau, der auf einer Halbinsel liegt. Ursprünglich eine ehemalige Festung auf einer Insel, war das Schloss im Jahr 1165 im Besitz von Haidfalk von Chammer. Im Laufe der Jahrhunderte wechselten die Inhaber; die Familie Khevenhüller war für lange Zeit im Besitz des Anwesens und hatte auch Bedeutung für die Region. Schließlich wurde die Verbindung zur Insel aufgeschüttet, der Bau wandelte sich zum Schloss. In Schloss Kammer wurde auch die Idee zu den Salzburger Festspielen geboren: Hugo von Hofmannsthal, Max

Bild oben: Zwei Generationen Tostmann – Gexi und Anna
Bild unten: Schloss Kammer

Bild links: Die Pfarrkirche von Gampern mit dem spätgotischen Altar
Bild rechts: Seeansicht der Villa Paulick mit Pfarrkirche Seewalchen

Reinhardt und Richard Strauss sprachen hier erstmals darüber. Den Großteil des letzten Jahrhunderts war das Schloss im Besitz der Familie Jeszenszky, die durch besonders elegante Gesellschaften und Konzertabende von sich reden machte. Seit den 1990er-Jahren befindet sich Kammer im Besitz der Familie Max-Theurer, die es aufwendig restaurieren ließ. Selbst wer noch nie am Attersee war, wird dieses Gebäude wiedererkennen: Es war ein beliebtes Motiv Gustav Klimts, der viele Sommer am Attersee verbracht und dabei sowohl die Ansicht vom See aus als auch den großzügig angelegten Park des Schlosses mehrfach gemalt hat.

Neben seiner kultur- und kunsthistorischen Bedeutung ist Seewalchen auch bekannt für eine der berühmtesten Schneidereien für Dirndln und Tracht: Tostmann Trachten. Hier kaufen Einheimische wie Gäste gerne regionaltypische Kleidung, die im Salzkammergut wie in keiner anderen Region Österreichs auch im Alltag als ganz selbstverständlicher Teil der Garderobe getragen wird. Egal ob traditionellere oder modischere Versionen, ob für Jung oder Alt – Dirndl und Lederhose, Janker und Hut werden nicht nur zu festlichen Anlässen angelegt. Selbst in der Haute Couture haben Trachtenelemente und -materialien mittlerweile Einzug gehalten. Im Salzkammergut kann man

Wind und Wasser am Attersee

Der Attersee ist bekannt für den aus dem Nordwesten wehenden sogenannten Rosenwind, der dem See eine besonders schöne Farbe verleiht und Segler und Surfer von weit her anlockt. In den Orten am See finden sich einige Segelclubs und -schulen und bei guten Bedingungen sieht man stets zahlreiche weiße Dreiecke auf der Wasseroberfläche.
Dass man das Segeln nicht nur am Meer, sondern auch auf einem Binnengewässer zur Perfektion treiben kann, haben die Brüder Andreas und Roman Hagara bewiesen, die mehrfach sehr erfolgreich bei Olympischen Spielen teilgenommen haben. Ihr Können schreiben sie nicht zuletzt ihrem „Lehrmeister", dem Attersee, zu. Die schwierigen Windverhältnisse hätten sie für die olympische Konkurrenz gut vorbereitet.
Auch der Name Attersee rückt übrigens das Element „Wasser" in den Mittelpunkt – er stammt vom illyrischen Wort „Ata" oder „Ada", das schlicht Wasser bedeutet. Sein zweiter Name, Kammersee, geht auf das am nördlichen Ufer gelegene Schloss Kammer zurück.

hingegen meist die traditionelle Version der Tracht sehen. Das Dirndlgewand ist dabei die klassische Bekleidung für Damen. Es besteht üblicherweise aus einem engen Oberteil aus Leinen, einem an der Taille angesetzten gezogenen Rock aus Baumwolle sowie einer Schürze. Darunter trägt man eine weiße Dirndlbluse, dazu ein handbedrucktes Seidentuch und außerhalb des All-

Bild links: Spätherbst bei Kammer
Bild unten: Yachthafen bei Kammer

Buchberg und Litzlberg im Frühjahr

tags passenden Schmuck. Die Materialien variieren je nach Anlass, neben den klassischen Leinen- und Baumwolldirndln gibt es für festliche Anlässe auch solche aus Seide. Auch die entsprechende Kopfbedeckung darf nicht fehlen: Zu festlichen Anlässen tragen im oberösterreichischen Salzkammergut einheimische Bürgerinnen die prachtvollen paillettenbestickten Goldhauben mit eingewebten Gold- und Silberfäden. Die Bäuerinnen hingegen erkennt man an ihren schwarzen Kopftüchern. Tracht und Handwerk gehen Hand in Hand. Die einzelnen Elemente der Tracht bedürfen der Kenntnisse und Fertigkeiten ganz besonderer Spezialisten, die im Salzkammergut noch zu finden sind, wie Handdrucker, Hutmacher, Schuster, Hirschhornschnitzer oder Federkielsticker.

Dass sich Seewalchen ab den 70er-Jahren des 19. Jahrhunderts zu einem der beliebtesten Urlaubsorte am Attersee für das städtische Bürgertum entwickelte, kann man immer noch an seinem Ortsbild erkennen. Es ist nach wie vor von den vielen Villen geprägt, die zwischen 1870 und 1900 entlang der Attersee-Straße erbaut wurden. Leider wurden in den 1950er-Jahren einige davon abgerissen, heute jedoch stehen fast alle der prunkvollen Gebäude unter Denkmalschutz.

Zu erwähnen ist zum Beispiel die „Curzon-“ oder „Cebotari-Villa“ in Litzlberg mit ihrem Park im italienischen Stil. Sie wurde 1927/28 von der Cembalistin Lucille Wallace in englischer Landhaustradition erbaut. Nach Wallaces Heirat mit dem Pianisten Clifford Curzon erhielt die Villa ihren Namen. „Cebotari-Villa" wird sie auch genannt, weil Curzon und seine Frau die beiden Söhne der früh verstorbenen Sopranistin Maria Cebotari adoptiert hatten. 1938 wurde das Haus durch das NS-Regime beschlagnahmt, nach der Rückgabe nach dem 2. Weltkrieg bis in die 1980er-Jahre als Familiensitz genützt. Ebenfalls in Litzlberg befindet sich das „Haus Gamerith" des Architekten Ernst Anton Plischke, dessen moderner Stil – es entstand 1933/34 – als Beispiel für zukunftsweisendes Bauen um die ganze Welt ging und zum Anziehungspunkt für Architekturstudierende wurde. Wenngleich drei Kilometer südlich von Seewalchen gelegen, gehört Litzlberg ebenfalls zu der Gemeinde. Das Kennzeichen des Ortes, Schloss Litzlberg, erhebt sich auf einer kleinen, durch eine Brücke mit dem Festland verbundenen Insel. 1895 bis 1897 wurde die „Schloss-Villa" auf den Fundamenten des alten Seeschlosses errichtet. Man orientierte sich am Stil englischer Landsitze, worauf Elemente wie Fachwerk, die Putzfassade oder die türmchenreiche Dachlandschaft hinweisen.

Eines der bekanntesten der Gebäude in Seewalchen ist sicher die „Villa

Schloss Litzlberg mit Blick auf Attersee

Die Dachlandschaft der Villa Paulick als Zitat der Burgarchitektur
Bild unten: Detail aus der Villa Paulick

Paulick", eine sogenannte Turmvilla mit vielfältiger Dachlandschaft und einem markanten Turm, der als Zitat der Schloss- und Burgarchitektur des Adels auf die Unabhängigkeit des Besitzers verweist. Die Villa wurde zwischen 1867 und 1877 vom k. u. k. Hoftischlermeister Friedrich Paulick aus Wien errichtet. Er konnte sich ein ambitioniertes Projekt leisten: Bei der

Innenausstattung der neuen Gebäude auf der Wiener Ringstraße hatte Paulick viele Aufträge erhalten. Die Gestaltung der Inneneinrichtung der Villa hat Paulick selbst übernommen. Neben zahlreichen wundervoll gefertigten Möbelstücken ist die Kassettendecke im Salon das Prunkstück des Hauses: Paulick hatte sie ursprünglich für den Kaiserpavillon auf der Wiener Weltausstellung 1873 geschaffen.

Bekannt ist die „Villa Paulick" aber vor allem durch ihre illustren Gäste: Gustav Klimt verbrachte hier seine ersten Sommer am Attersee. Hermann Flöge, der Bruder von Klimts Seelenfreundin Emilie Flöge, hatte Therese Paulick, eine der Töchter des Hausherrn, geheiratet und somit Zugang zum herrschaftlichen Anwesen erhalten. Wenngleich das Haus nicht groß genug war, um alle Gäste zu beherbergen, und Klimt schließlich in Litzlberg residierte, wo sich unter anderem die große Pappel befand, die der Maler verewigte, traf man sich weiterhin gerne in der „Villa Paulick". Mit Hilfe eines Fernrohrs suchte Gustav Klimt vom Bootshaus der Villa aus nach geeigneten Motiven, viele Fotos zeigen ihn und die Flöge-Schwestern im Garten, am Wasser, mit Freunden beim Essen. Auch nach dem Tod Friedrich Paulicks blieb das Haus ein Treffpunkt für Künstler, die zur Sommerfrische an den Attersee kamen. Heute ist die Villa in Privatbesitz, in den Sommermonaten werden Zimmer vermietet.

Unweit der „Villa Paulick" hat ein weiterer k. u. k. Hoftischler seinen Traum von einer Sommervilla realisiert: Die „Villa Daheim" oder „Schmidt-Villa" wurde für Karl Friedrich Schmidt errichtet. Der Wunsch nach möglichst vielen Fenstern mit Seeblick hat zu dem etwas eigenwilligen Grundriss des mehrflügeligen Gebäudes geführt. Wie in der Nachbarvilla hielten sich auch hier im Sommer zahlreiche berühmte Gäste wie Friedrich von Amerling, Johannes Brahms, Hans Makart oder Theodor Billroth auf.

Untrennbar mit Gustav Klimt verbunden ist auch die „Villa Oleander": Hier hat der berühmte Maler seine Sommer von 1908 bis 1912 verbracht. Nach Sommern in der „Villa Paulick" und Litzlberg suchten die Flöge-Schwestern und Klimt ein ruhigeres Quartier,

Bild oben: Villa Paulick
Bild unten: Salon der Villa Paulick mit der berühmten Kassettendecke

zu viele hatten den Meister bei seiner Arbeit gestört. In der „Villa Oleander", 1879 von der damaligen Besitzerin von Schloss Kammer, Gräfin Khevenhüller, erbaut, fand er wieder eine Zeit lang Ruhe. Die bekannten Ansichten von Schloss Kammer entstanden vom Bootshaus aus. Heute kann man am Klimt-Themenweg auf den Spuren des großen Malers am Attersee wandeln: Der Weg führt am See entlang von Schloss Kammer zur „Villa Paulick" bzw. zur „Villa Oleander". Auch sonst ist Klimt allgegenwärtig: In der Konditorei in Schörfling werden neben der Schloss-Kammer-Torte Klimt-Pralinen angeboten, in Attersee kann man eine Schiffsrundfahrt mit dem Klimt-Schiff unternehmen. Bei einem Spaziergang in Litzlberg lässt es sich auf den Spuren der Motive des Malers wandeln.

Etwa fünf Kilometer nördlich von Schörfling liegt Gampern, bekannt für seine große gotische Pfarrkirche zum heiligen Remigius. In der Kirche befindet sich ein mächtiger spätgotischer Altar aus dem Jahre 1480, der Leonhard Astl zugeschrieben wird. Die geschlossenen Flügel zeigen die Passion Christi, sind die Flügel geöffnet, sieht man den geschnitzten Schrein mit Maria und zwei Heiligen. Auch die Rückseite des Altars ist dekoriert: Hier ist das Jüngste Gericht dargestellt, von den Einheimischen die „Gamperner Hölle" genannt.

In Weyregg, südlich von Schörfling gelegen, finden sich Reste jungsteinzeitlicher Pfahlbauten und römische Mosaike. Schon 1870 hatte man bei Seewalchen Überreste von Pfahlbauten entdeckt und auch an anderen Plätzen um den See gab es solche zum Teil sehr ausgedehnte Siedlungen, wie spätere Entdeckungen zeigten. Die Römer schätzten die windgeschützte Lage von Weyregg ebenfalls – sie bauten hier einen Hafen und mehrere Villen.

Heute kommen vor allem sportliche Gäste gerne nach Weyregg. Der Ort bietet viele Möglichkeiten zum Wassersport, Wanderern seien die beiden Hausberge Wacht- und Gahberg nahe gelegt – von hier hat man einen wunderbaren Ausblick auf den Attersee und Umgebung.

Bild oben: Dachdetail Villa Paulick
Rechte Seite: Speisezimmer in der Villa Paulick
Nächste Doppelseite: Goldener Glanz frühmorgens am Attersee

Attersee und Nußdorf

Das heutige Erscheinungsbild des Ortes, der nach dem See benannt ist, an dem er liegt, prägen vor allem die beiden Kirchtürme: der barocke Zwiebelturm des katholischen Gotteshauses am Kirchberg und der spitze neogotische der etwas tiefer gelegenen evangelischen Kirche. Die Koexistenz der beiden Religionen spiegelt die Geschichte des Salzkammerguts wider – hier hatten sowohl Reformation als auch Gegenreformation starke Auswirkungen auf des Leben der Bevölkerung.

Dichte Besiedlung ist durch jungsteinzeitliche Pfahlbaufunde auch für den Ort Attersee und den Buchberg, der sich hinter Attersee erhebt, bezeugt. Im Mittelalter war der heutige Kirch-

Drachen und Sonderklassen, die schönsten Boote, hier vor Attersee
Bild rechts: Segelkanu aus den Fünfzigerjahren

Fromingerhaus und evangelische Kirche in Attersee
Bild unten: Gotisches Schnitzrelief in der Pfarrkirche Attersee

berg in Attersee Sitz eines Königshofs, der als „Atarnhova" 885 erstmals urkundlich erwähnt wurde. Die Burg wurde mehrmals von fränkischen Königen aufgesucht, im Laufe der Zeit ausgebaut und war im Hochmittelalter das weltliche Zentrum des Attergaus. Im Spätmittelalter wurde das Herrschaftszentrum auf den Koglberg bei St. Georgen verlegt, die Burg in Attersee verfiel. Einzig die gotische Burgkapelle wurde zur Pfarr- und Wallfahrtskirche Maria Himmelfahrt und der Berg in „Kirchberg" umbenannt. Das Gnadenbild „Maria in der Sonne" zog ab 1652 viele Pilger an; drei geschnitzte Statuetten des Barockkünstlers Meinrad Guggenbichler machen die Kirche für Kunstliebhaber besonders interessant. Das Gebäude der evangelischen Kirche aus dem 15. Jahrhundert war ursprünglich ein katholisches Gotteshaus, das 1813 an die Protestanten verkauft wurde. Neben der Kirche steht das „Fromingerhaus", das älteste Holzhaus Attersees.

Auf der Fassade der ehemaligen Brauerei Hager, dem heutigen Haus Landungsplatz Nr. 2, findet sich die „Oberösterreichische Bauernhochzeit", ein Fresko des Malers Arthur Brusenbauch, eines Mitglieds der Wiener Secession. Er hatte sein Sommerquartier in Abtsdorf am Attersee, wo er 1957 auch verstarb. In Abtsdorf findet sich mit der Darstellung einer Kreuzigungsgruppe auf einem Kapellenbildstock ein weiteres Fresko des Künstlers.

Der „Morganhof" in Attersee ist ein weiteres Beispiel für die Bautätigkeit des Bürgertums in dieser Region. 1883 hat der damals erst 23 Jahre alte Wiener

Schriftsteller und Verlagsredakteur Camillo Belolawek de Morgan das „Gut zum Moos" erworben und mit Elementen des sogenannten Schweizer Stils versehen, seit 1870 die bevorzugte Bauart für Landhäuser und Villen in ländlicher Umgebung. De Morgan hatte große Pläne für sein Anwesen, die sich jedoch nicht erfüllen ließen; kurze Zeit später musste er es wieder verkaufen. Aus neuerer Zeit erwähnenswert ist die markante „Villa Orleans" der Familie Kottulinsky-Rohan, die heute als Pension geführt wird.
Im etwas südlich von Attersee gelegenen Nußdorf ist an der „Villa Hein" eine besonders schöne Sgrafittofassade zu bewundern. In einem weitläufigen Park

Bild oben: In Attersee – die „Bauernhochzeit" von A. Brusenbauch
Bild unten: Spätsommernachmittag bei Abtsdorf

mit exotischen Pflanzen steht die 1873 erbaute „Ransonnet-Villa“, die heute als Seminarhotel „Grafengut“ genutzt wird. Der Bauherr war Eugen Freiherr von Ransonnet-Villez, ein weit gereister Marineoffizier der k. u. k. Armee, der 1886 mit der Gründung des legendären „Union-Yacht-Club Attersee“ Pionierarbeit zur touristischen Erschließung des Sees leistete. In Nußdorf erinnert heute ein Themenweg an den berühmten Bewohner, vor allem aber lebt sein Andenken im heutigen Ruf Attersees als Se-

Bild links oben: Gewitterstimmung bei Attersee
Links unten: Farbenspiele am Attersee
Oben: Rosenwind am Attersee

Reformation und Gegenreformation

Die 1517 von Martin Luther ausgelöste Reformation erreichte das Salzkammergut um 1550. Der Großteil der Bevölkerung – von den Adeligen bis zu den einfachen Bauern – konvertierte zum protestantischen Glauben. Katholische Einrichtungen verloren an Bedeutung; so verwaiste etwa das Kloster in Traunkirchen 1571.
Umso heftiger fiel Ende des 16. Jahrhunderts die Gegenreformation aus: Bauern und Bergknappen wurden gewaltsam rekatholisiert, protestantischer Adel verlor Grund und Boden. Der Jesuitenorden übernahm das Kloster Traunkirchen und versuchte das Volk durch prächtige Prozessionen am Traunsee zu beeindrucken. Für die Protestanten folgten viele Jahrzehnte der Unterdrückung und Verfolgung. Einige wurden zur Auswanderung gezwungen: Noch um 1732 wurden mehrere Tausend nach Ostpreußen vertrieben, andere wurden auf Geheiß Maria Theresias in Siebenbürgen angesiedelt.
Trotz dieser harten Vorgangsweise konnten sich einige Protestanten im Salzkammergut halten: Als Kaiser Josef II. 1781 mit dem Toleranzpatent Religionsfreiheit zusicherte, haben sich ganze Ortschaften zum Protestantismus bekannt. Noch immer gibt es in der Region großteils protestantische Orte und prominente evangelische Kirchen wie in Attersee – eine Besonderheit im katholischen Österreich.

gelsportzentrum Österreichs weiter. Zahlreiche internationale Regatten werden regelmäßig ausgetragen, der Wassersport ist eine der Hauptattraktionen der Gegend, sogar eine Werft gibt es hier.
So kann man am Attersee auch immer wieder viele schöne, klassische Segelboote sehen. Typisch sind vor allem die Sonderklassen, die die größten Segelboote am Attersee darstellen. Die Sonderklasse war die erste Rennklasse, die als internationale Klasse anerkannt und in verschiedenen Ländern einheitlich gebaut und gesegelt wurde. Für diese Klasse gibt es bestimmte Bauvorschriften sowie Regeln; so durfte die Mannschaft ursprünglich nur

aus drei sogenannten „Herrenseglern" bestehen, die aus jenem Land kommen mussten, in dem das Boot gebaut worden war. Außerdem durften die drei Männer (Frauen waren Ende des 19./Anfang des 20. Jahrhunderts bei offiziellen Regatten nicht zugelassen) ihren Lebensunterhalt nicht durch „ihrer Hände Arbeit" verdienen, es durften keine bezahlten Leute an Bord sein. Heute gibt es nur mehr wenige dieser Jachten, an den beiden Salzkammergutseen Attersee und Wolfgangsee hat sich die Tradition der Sonderklasse-Regatten allerdings bis heute erhalten. Am Attersee werden Regatten um den Chiavenna-Pokal, den Lilly-Preis und den Halunk-Pokal gefahren.

Nicht zuletzt wegen des Segelsports ist Attersee heute ein beliebter Ferienort, insbesondere für Gäste aus Linz und Wien. Vor allem im Sommer ist der Ort, wie auch andere Plätze am Attersee, sehr belebt, im Winter allerdings wird es hier sehr ruhig.

Der Ort Nußdorf hat seinen dörflichen Charakter erhalten. Der Ort und seine Umgebung sind geprägt von großen und behäbigen Gasthöfen, bekannt für ihre gute Küche. Wie in vielen Orten des Salzkammerguts gibt es als Teil der lebendigen Handwerkskunst auch am Attersee noch viele Bäckereien, die ihr Gebäck selbst täglich frisch an die umliegenden Gastbetriebe zustellen.

Bild links oben: Verträumte Stunden am Balkon
Links unten: Seeblick mit drei Kirchen, hier Attersee und Schörfling
Bild rechts: Septembernachmittag in Nußdorf

Besonders stimmungsvoll wird es um den Attersee zur Weihnachtszeit. Adventmärkte locken in vielen der Orte wie auch in Schloss Kammer. Eine Besonderheit ist die Dorfkrippe, die in Nußdorf am Adventmarkt aufgebaut wird; hier sind die Figuren in Lebensgröße dargestellt. Zahlreiche Vereine organisieren Wohltätigkeitsveranstaltungen rund um die stillste Zeit des Jahres, vom Christbaumtauchen in Weyregg, bei dem auch der im Wasser Verunglückten gedacht wird, bis zu winterlichen Segelregatten. Das Jahr endet mit einem weiteren Brauch: dem Neujahrsblasen „von Haus zu Haus".

Um den Dreikönigstag wandern die Heiligen Drei Könige – die Sternsinger – von Haus zu Haus. Die Kinder, die diese Aufgabe übernehmen, singen bei ihren Besuchen, erbitten Geldspenden, die Hilfsprojekten der katholischen Kir-

che zugute kommen, und das besuchte Haus wird geweiht. Als sichtbares Zeichen schreiben die Sternsinger die Buchstaben „C+M+B" – Christus mansionem benedicat (Christus segne dieses Haus) – sowie die Jahreszahl auf den Türstock.

Lokale Berühmtheit erlangt hat das Marienbild in der Kirche zum heiligen Mauritius in Nußdorf; der Maler Emanuel Oberhauser schuf es 1887 als Porträt von Emma Adler, Jüdin und Frau des Sozialdemokraten Victor Adler. Die Empörung der Nußdorfer war zunächst groß, doch dank einer Legende – das Gemälde habe auf wundersame Weise einen katastrophalen Kirchenbrand überstanden – gewann das Bildnis doch noch die Herzen der Bewohner.

Bild oben: Die heiligen vier Könige
Bild unten: Neujahrsblasen am Attersee
Bild rechts: Winterlicher Wald

Bild oben: Wiese bei Aich
Bild unten: Gästebuch im Haus Poell

Ein sehenswertes Gotteshaus findet sich auch im nahe gelegenen Abtsdorf, das – der Ortsname verrät es schon – bis 1791 zum Kloster Mondsee gehörte. In der Kirche zum heiligen Laurentius finden sich drei Altäre und eine Kanzel, die zwischen 1699 und 1703 von Meinrad Guggenbichler geschaffen wurden.

Von Attersee sowie von Nußdorf aus hat man wunderbare Ausblicke auf das auf der anderen Seite des Sees gelegene Höllengebirge. Der Name des Gebirges wird auf die vielen Höhlen zurückgeführt, die sich darin finden, sowie auf die Bezeichnung „Höll" für abgelegene, vegetationslose Fluren. Im Höllengebirge gibt es keine Almen, lediglich vereinzelte Latschenfelder auf den ansonsten verkarsteten Flächen. Das Höllengebirge diente einigen Besuchern zur Inspiration. Einer der bekanntesten von ihnen war sicher Gustav Mahler, der in Steinbach Quartier bezog. Dorthin lud er 1896 auch Bruno Walter ein, den berühmten Dirigenten und Pianisten, der damals in Hamburg tätig war. Als Walter am Attersee ange-

kommen war und die Landschaft, vor allem das Höllengebirge, betrachtete, meinte Mahler zu ihm: „Sie brauchen gar nicht mehr hinzusehen – das habe ich alles schon wegkomponiert."
Ein anderer Berg, der den Attersee – aber nicht nur ihn – kennzeichnet, ist der südlich des Sees gelegene Schafberg. Von seinem Gipfel kann man noch zahlreiche andere Seen des Salzkammerguts erblicken – bis zu 13 bei guter Sicht. Nicht zu vergessen die unzähligen Berge! Heitere geografische Ratespiele sind also garantiert. Wer den Blick vom Schafberg länger genießen will, kann auch am Gipfel übernachten. Bereits 1862 wurde hier das erste Berghotel Österreichs errichtet, schon davor hatten Bauern eine Notunterkunft errichtet.

Bild oben: Eine der vielen guten Bäckereien im Salzkammergut
Bild unten: Sommerlicher Frühdunst über dem See

Bild oben: Eine besondere Köstlichkeit – Fische noch warm aus dem Räucherofen
Bild unten: Attersee-Saiblinge sind kleiner als ihre Artgenossen in den anderen Salzkammergutseen

In einer so stark vom Wasser dominierten Region wie dem Salzkammergut kommt dem Fischfang naturgemäß ein hoher Stellenwert zu. Kunsthistorische Besonderheiten wie die Fischerkanzel in Traunkirchen verweisen auf seine große Bedeutung durch die Jahrhunderte. Die Seen der Region gelten als besonders fischreich; neben Forellen gedeihen hier vor allem Saibling und Reinanke sowie Zander, Hecht, Karpfen und Aal. Das relativ kühle, besonders saubere Wasser lässt die Fische langsam wachsen und ihr Fleisch fest und kernig werden – ausgezeichnete Voraussetzungen also für besonders schmackhaften Fisch. Das wissen auch viele Gäste, die im Urlaub selbst in den zahlreichen Seen oder Flüssen angeln wollen. Der Traunabschnitt bei Gmunden gilt zum Beispiel als beliebtes Revier für Fliegenfischer und hat schon viele Berühmtheiten angezogen: Könige von England und Belgien ebenso wie Präsident Eisenhower und Charles Ritz, ehemaliger Besitzer des berühmten Hotels in Paris und „König der Fliegenfischer". Aus der Traun fischt man vor allem Forellen, die zwei bis drei

Kilo und mehr erreichen können.
Die Fangmethode der einheimischen Seefischer hat sich seit prähistorischer Zeit nur wenig verändert, wenn man auch heute statt mit dem Einbaum mit der Plätte – dem regionstypischen flachbödigen Holzboot – auf den See hinausfährt. Damals wie heute werden die Fische mit Netzen gefangen, die abends in 20 bis 40 Metern Tiefe ausgelegt und am Morgen wieder eingeholt werden. Pro Netz können so 80 bis 200 Fische aus dem See geholt werden. Dabei wird gewissenhaft darauf geachtet, dass jedes Jahr nicht mehr Tiere abgefischt werden, als durch natürliche Vermehrung nachwachsen, um das ökologische Gleichgewicht des Sees nicht zu gefährden. Entsprechend werden unter der Marke „Wildfang Naturfisch" seit einiger Zeit auch österreichweit Fische aus Salzkammergutseen vertrieben, wodurch nicht zuletzt die Existenz der wenigen verbliebenen Berufsfischer gesichert wird.

Das Entleeren der Netze – mühevolle Arbeit
Nächste Doppelseite: Am frühen Morgen werden die Netze eingeholt, hier bei Unterach am Attersee

Viele der Fische werden sofort in den lokalen Restaurants verarbeitet. Mit der Vereinigung „Salzkammergut Fischrestaurants & Hotels" hat sich eine besondere Initiative zur Vermarktung des heimischen Fischs entwickelt.

Rund 30 % der Fische werden von den Fischern selbst geräuchert, gebeizt oder als Steckerlfische angeboten. Zum Räuchern wird ausschließlich Buchenholz aus dem Inneren Salzkammergut verwendet, das Salz stammt natürlich ebenfalls aus der Region. Klassische Beilagen zum geräucherten Fisch sind frisch geriebener Kren, Brot und Wein.

Unterach

Unterach liegt an der Südseite des Attersess, direkt unterhalb des Schafbergs. Es war einer der ersten Orte am Attersee, in den Mitte des 19. Jahrhunderts Gäste zur Sommerfrische kamen, und wurde bald zu einem Treffpunkt für Künstler und Wissenschaftler, deren Spuren man noch heute im ganzen Ort auf Schritt und Tritt begegnet. Im „Berghof" hatte sich eine richtige Künstlerkolonie entwickelt. Mitte des 20. Jahrhunderts hat allerdings auch der „Berghof" düstere Zeiten erlebt: Er wurde 1942 von der Gestapo beschlagnahmt und dem Deutschen Reich einverleibt. Heute ist der Hof in Privatbesitz, im Sommer finden dort Musikveranstaltungen statt.

Unterach liegt zwischen Mond- und Attersee. Hier mündet die Seeache, vom Mondsee kommend, in den Attersee, hier verband in der ersten Hälfte des 20. Jahrhunderts eine Lokalbahn den Schiffsverkehr der beiden Seen. Der Ort – in einer weiten Bucht gelegen – wird umrahmt vom beeindruckenden Panorama des Höllengebirges und der Ausläufer des Schafberges. Unterach selbst bietet mildes, für das Salzkammergut fast ungewöhnliches Klima.

Bild links: Detail der „Villa Polese" in Unterach
Bilder unten: Klimtzitat und Klimtbüste in Unterach

Hier gedeihen sogar Edelkastanien und Wein, der von einem idealistischen Burgenländer mit Erfolg angebaut wird. Früher wurde der Ort wegen der vielen Plätten, die hier im Wasser schaukelten, und der Bootshäuser, die den Eindruck einer kleinen Stadt im Wasser vermitteln, oft „Klein-Venedig" genannt.

Fast buchstäblich im Wasser stehen viele der ufernah gebauten Häuser in Unterach, wie zum Beispiel die „Villa Polese". Sie sind nämlich wegen des feuchten Untergrunds auf Pfählen errichtet. Das bringt mit sich, dass sich der Untergrund und mit ihm die Häuser in Bewegung befinden und die Gebäude mit der Zeit eine kleine Neigung aufweisen.

Die von zahlreichen prachtvollen Villen gesäumte Uferstraße ist der berühmten tschechischen Operndiva Maria Jeritza gewidmet: Jeritza war seit ihrem ersten Besuch von der Gegend begeistert, 1925 zog sie mit ihrem Ehemann in eine eigene Villa an der Uferstraße. Bald wurde ihr das Haus zu klein, sie übersiedelte in eine nahe gelegene größere Villa und lud jeden Sommer nicht nur ihre Familie und zahlreiche Freunde, sondern auch die gesamte Dorfjugend zum „Sommerfest" ein. Maria Jeritza wurde noch zu Lebzeiten Ehrenbürgerin Unterachs. Heute lebt der be-

„Klein-Venedig" – die Bootshäuser von Unterach
Bild rechts oben: Bootshaus der „Villa Polese"
Bild rechts unten: Dorffest in Unterach

kannte Cellist und Dirigent Heinrich Schiff in einer der Jeritza-Villen. Er war mit dem Pianisten und Komponisten Friedrich Gulda befreundet, der in Weißenbach am gegenüberliegenden Seeufer gelebt hat.
Auch andere ehemalige Besucher von Unterach sind gegenwärtig: Viktor Kaplan, dem Erfinder der Turbine, ist ein Denkmal gewidmet. Der Maschinenbauingenieur und Universitätsprofessor verbrachte seine letzten Lebensjahre in Unterach. Sein Mausoleum befindet sich auf seinem einstigen Landsitz „Rochuspoint" unweit des

Bild oben: Ansicht der „Villa Polese"
Bild unten: Bei Unterach ist die Farbe des Attersees besonders schön

Tagesanbruch bei Burgau

Ortes. 2003 wurde in Unterach außerdem die weltweit erste Gustav-Klimt-Büste aufgestellt: Sie erinnert an die Ansichten des Ortes, die der Künstler unter Zuhilfenahme eines Fernrohrs von Weißenbach aus malte. Auch die Komponisten Johannes Brahms und Hugo Wolf waren gerne in Unterach zu Gast; nach Letzterem ist ein eigener Weg benannt.

Neben der „Jeritza-Villa" ist die in der Jeritzastraße gelegene bereits erwähnte 1892 für die Wiener Familien Baum und Polese errichtete „Villa Polese" eines der bemerkenswertesten Bauwerke in Unterach. Die Villa befindet sich auch heute noch im Besitz der Familie und wird liebevoll erhalten. Manchmal bietet sich die Möglichkeit, das Keramikatelier der Besitzerin sowie wie den kleinen, aber wunderschönen mediterranen Garten zu besichtigen.

Fährt man von Unterach Richtung Süden am Ufer des Attersees entlang, so gelangt man zum Ausgangspunkt für eine Wanderung in die wildromantische Burggrabenklamm, an deren Ende ein spektakulärer, 18 m hoher Wasserfall wartet. Wer Lust zum Weiterwandern hat, wird belohnt: Über die Burggrabenklamm kann man auch den Schwarzensee erreichen und von dort auf der anderen Seite bis nach Strobl am Wolfgangsee hinunterwandern.

Steinbach

Fährt man von Unterach weiter die Straße am See entlang, erreicht man auf der östlichen Seite zuerst Weißenbach, eben jenen Ort, an dem die ersten Sommerfrischler aus Bad Ischl am Attersee ankamen. Einige von ihnen haben sich hier auch niedergelassen, eine Hand voll Bauten zeugt davon, wie zum Beispiel der „Elisenhof" oder die „Villa Capriée", eine sogenannte Turmvilla, die heute noch nahezu im Originalzustand erhalten ist. Auch eine der eindrucksvollsten Villenanlagen des Salzkammerguts befindet sich hier: Der Berliner Textilkaufmann und Verleger Adolf Sliwinski beauftragte 1912 den Architekten John Herbert Rosenthal mit der Gestaltung der sogenannten „Villa Sliwinski". Ihre zentrale Oval-Halle, um die alle Räume ange-

Badevergnügen bei Burgau

ordnet sind, ermöglicht optimale See- und Gebirgsblicke. Viele der Villen in Weißenbach wurden zur Zeit des Nationalsozialismus enteignet, so auch die „Villa Capriée", die von 1943 bis 1945 eine Außenstelle der Geheimen Staatspolizei war.

Gustav Klimt verbrachte seine letzten Sommer 1914 bis 1916 in Weißenbach. Hier im Forsthaus fand er die Ruhe, die er benötigte. Von Weißenbach aus entstanden die bekannten Bilder von Unterach, auf das er über den See blickte.

Mahlers Komponierhäuschen in Steinbach

Das südlich des Höllengebirges gelegene Weißenbachtal stellt die Verbindung zwischen dem Trauntal bei Bad Ischl und dem Attersee dar und ist ein landschaftlich reizvolles Juwel, das vom Tourismus noch unentdeckt ist. Im Frühjahr blühen Tausende von Schneerosen an den Ufern des Weißenbachs, im Sommer locken das klare Wasser und die unberührte Natur zu erfrischenden Badenachmittagen abseits des lauten Treibens am nahen Attersee. Die wildromantische Kulisse lädt zu Spaziergängen ein; das Weißenbachtal ist außerdem bei Radfahrern beliebt, die im Sommer die zahlreichen Bade- und Rastplätze schätzen.

Der idyllische Ort Steinbach, den man erreicht, wenn man statt ins Weißenbachtal abzubiegen der Straße entlang dem Attersee folgt, wird auch „Bergsteigerdorf" genannt, denn wenngleich er selbst auf sanft zum See abfallenden Wiesen liegt, ragen hinter ihm steil die Felsen des Höllengebirges auf. Kletterer und Bergsteiger beginnen deshalb gerne von hier ihre Touren.

Bekannt ist das Dorf als Ferienort Gustav Mahlers, des weltberühmten Komponisten, der hier von 1893 bis 1896 seine Sommer verbrachte. Der damalige Hamburger Operndirektor Mahler suchte über Vermittlung seiner Schwester Justine und seiner Seelenfreundin Natalie Bauer-Lechner einen ruhigen

Ort, um dort ohne Ablenkung zu arbeiten. Fündig wurden die Emissärinnen in Steinbach am Attersee, wo sie im Namen des Komponisten eine ganze Etage im „Gasthaus zum Höllengebirge" mieteten. Man reiste Mitte Juni an und der Künstler schien zufrieden: An den Vormittagen arbeitete er, an den Nachmittagen genoss er die Umgebung mit seiner Reisebegleitung. Um die Arbeitssituation zu vervollkommnen, hatte Mahler die Idee, auf der zum See angrenzenden Wiese hinter dem Gasthof ein Häuschen bauen zu lassen. Justine Mahler und Natalie Bauer-Lechner kümmerten sich um die Realisierung seines Wunsches. Schließlich konnte Gustav Mahler bereits in seinem zweiten Sommer in Steinbach sein „Schnützelputz-Häusel" beziehen, wie er das Haus in Anlehnung an ein Gedicht aus der Liedersammlung *Des Knaben Wunderhorn* nannte. Und – es war perfekt! Ein einziger Raum mit Fenstern nach drei Seiten und einer Glastür, spartanisch eingerichtet mit einem Tisch und einem Sessel, einem Ofen und natürlich einem Stutzflügel. Täglich saß Mahler nun in dem Komponierhäuschen, arbeitete stundenlang, zuerst an der 2., dann an der 3. Symphonie. Landschaft und Natur am Attersee inspirierten ihn, die Eindrücke flossen in seine Kompositionen ein. Drei Sommer lang konnte Gus-

Abendlicher Blick von Steinbach Richtung Mondsee

tav Mahler in dieser idealen Situation arbeiten, dann stellten die neuen Pächter des Gasthofes so unerhörte Forderungen, dass er sich schweren Herzens von seinem Häuschen verabschieden musste. Das Haus blieb zwar erhalten, diente aber jahrelang als Waschküche, Schlachthaus und sogar als Sanitäranlage. Inzwischen wurde es von der Internationalen Mahler Gesellschaft renoviert und eine kleine Ausstellung in Erinnerung an den großen Komponisten eingerichtet.

Heute steht das Komponierhäuschen jedoch mitten im Areal eines Campingplatzes. Inmitten des Lärms und Trubels fällt es schwer, nachzuvollziehen, wie Gustav Mahler hier die Ruhe und Muße zum Komponieren fand.

Reflexionen im Bootshaus

Fast 100 Jahre später hat sich auch ein anderer Musiker in der Nähe von Steinbach, in Weißenbach, niedergelassen: Der berühmte Pianist Friedrich Gulda hat hier seine letzten Lebensjahre verbracht; sein Grab befindet sich am Friedhof von Steinbach. Gulda war Interpret sowohl von klassischer Musik als auch von Jazz und komponierte selbst. Weltbekannt war Gulda vor allem für seine äußerst exakten Mozart- und Beethoveninterpretationen. Die berühmte Pianistin Martha Argerich war eine Schülerin des geborenen Wieners.

Auch als Komponist war Gulda bekannt, er vertonte unter anderem einige der Galgenlieder von Christian Morgenstern und schrieb ein „Konzert für Violoncello und Blasorchester" für Heinrich Schiff, mit dem er es auch aufführte. Das Werk ist in Weißenbach entstanden. Für den Blasmusik-Satz, der an die regionale Volksmusik des Salzkammerguts erinnert, hat sich Gulda wohl sehr von der Gegend am Attersee inspirieren lassen.

Attergau

Eine Erkundungstour der Umgebung des Attersees führt in den Attergau, der die Region nordwestlich des Attersees umfasst und im Hausruckviertel liegt, einem der vier historischen Viertel Oberösterreichs. Der Attergau ist ein weites Becken, um das sich Kron-, Kogl- und Buchberg erheben und in dessen Mitte der Markt St. Georgen liegt. Diese Gegend hat der Tourismus noch kaum erreicht, umso schöner ist es, durch die sanften grünen Hügel zu spazieren oder mit dem Fahrrad zu fahren und die unberührte Natur zu genießen.

Nach prähistorischer Besiedelung war das Gebiet Bestandteil des keltischen Königreichs Noricum, das später eine Provinz des Römischen Reichs wurde. Zwischen 500 und 550 erreichten die Baiern das Gebiet und rodeten weite Teile. Viele Ortsnamen in der Region gehen auf diese Zeit zurück; dabei verweist die Endung „-walchen“ auf die romanisierte Bevölkerung, die sogenannten „Walchen,“ auf die die Baiern trafen. Auch der Name „Attergau“, der erstmals um 790 auftaucht, geht auf diese Zeit zurück. Wie bei vielen bairischen Namen für Provinzen („Gaue“) ist auch der Name „Attergau“ auf ein Gewässer zurückzuführen, den Attersee.

Als Kaiser Heinrich II. im Jahr 1007 das Bistum Bamberg gründete, schenkte er Bischof Eberhard den Attergau, der damals die Herrschaften Attersee/Kogl, Kammer und Frankenburg umfasste. 1380 gelangte der Attergau in den Besitz der Habsburger. 1848 wurde die Grundherrschaft aufgelöst und es kam zur Gründung politischer Gemeinden sowie Bezirke. Der Attergau wurde durch diese Neuordnung kleiner; einige Waldgebiete haben allerdings ihre ursprüngliche Bezeichnung behalten: In Weyregg und Steinbach werden die Forste auch heute noch als „Attergauwälder“ bezeichnet.

Der Attergau ist eine der jüngsten Regionen des Salzkammerguts – seit 2002 zählt er offiziell zur Tourismusregion, davor lag seine wirtschaftliche Bedeutung, wie auch die der Region um den Attersee, vor allem in seiner Funktion als Holzlieferant für die Sudpfannen. Heute ist der Attergau auch für sein kulturelles Leben international bekannt –

Bild rechts: Der Verwanghof in Wildenhag
Bild links: Gedenktafel an der Pfarrkirche St. Georgen

Bild oben: Blick vom Lichtenberg zum Dachstein
Bild links: Winterliche Allee bei Kogl

der Attergauer Kultursommer lockt jedes Jahr im Sommer viele Gäste an. In den letzten Jahren hat die Region mit spektakulären archäologischen Funden auf sich aufmerksam gemacht: In einigen Wäldern haben sich zahlreiche Hügelgräber erhalten, die auf eine hallstattzeitliche Besiedlung (800 bis 450 v. Chr.) hindeuten, teilweise aber sogar bis in die Bronzezeit (1800 bis 800 v. Chr.) zurück datiert werden können.
Um 790 wurde Attergaudorf gegründet, das später, mit der Errichtung einer dem heiligen Georg geweihten Kirche, in St. Georgen im Attergau umbenannt wurde. 1264

Der Kalvarienberg bei St. Georgen

wurde der Ort zum Gerichtssitz, woran noch heute die tausendjährige Linde erinnert. 1463 wurde St. Georgen zum Markt erhoben.

In der örtlichen Pfarrkirche befinden sich eine Kanzel sowie eine Kreuzgruppe aus der Werkstatt Meinrad Guggenbichlers. Der Turm der Kirche wurde zuerst als Wehrturm errichtet, das Kirchenschiff erst später angebaut.

Eine touristische Attraktion in St. Georgen ist der Keltenbaumweg, ein Erlebnisweg, der das Leben der Kelten in der Eisenzeit sowie Naturthemen zu Bäumen und Landschaft präsentiert. Man beginnt die Wanderung an der tausendjährigen Linde im Ort, wird zu einigen mächtigen, alten Bäumen geführt, kann seinen Lebensbaum finden und erfährt auf spielerische Weise mehr über die Lebensweise der Kelten.

Etwas außerhalb von St. Georgen befindet sich eine Kalvarienberg-Anlage, deren Stationen 1859 bis 1869 errichtet wurden. Dafür wurden Elemente von der 1861 abgerissenen St.-Andrä-Kirche in Salzburg verwendet, wie das Steinportal und der Kreuzaltar mit Statuen von Moses und Aaron. Der grüne Hügel lädt zu einem Spaziergang ein; neben den Stationen des Kreuzwegs lohnt auch der herrliche Rundblick einen Besuch.

Bei St. Georgen lebt übrigens der berühmte Dirigent und Cellist Nikolaus Harnoncourt. Wie viele andere Musiker

Sommerlicher Bauernhof

der Gegenwart und der Vergangenheit schätzt er die Umgebung um den Attersee sehr und ist gerne im Höllengebirge unterwegs.

Der Ort Straß im Attergau war bereits zur Zeit der Römer besiedelt, damals hieß er „Strata". Im Gemeindegebiet liegt der Kronberg, auf dem zahlreiche, für die Gegend typische Haufenhöfe liegen. Wohnhaus, Stallungen und Wirtschaftsgebäude sind nicht wie etwa beim Einhof oder dem Vierkanter miteinander verbunden, sondern als einzelne, in Gruppen beieinander stehende Gebäude errichtet. Viele dieser Gebäude weisen die für die Gegend typischen hohen Satteldächer auf.

Der Buchberg erhebt sich zwischen dem Ort Attersee und der Gemeinde Berg im Attergau. Von dem etwas über 800 m hohen Berg hat man einen schönen Ausblick über den Attergau. Bereits in prähistorischer Zeit wurde dieser strategisch günstige Platz von den Bewohnern der Region genützt: 1974 entdeckte man bei archäologischen Ausgrabungen am Buchberg die Umrisse einer 400 m langen Ringwallanlage. Eine mögliche Erklärung dafür ist, dass die Bewohner der Pfahlbauten um 1500 v. Chr. ihre Siedlungen am See aufgaben und auf den Berg zogen. Die Ringwallanlage wurde allerdings erst später befestigt. Wenngleich nur wenige Fundstücke sichergestellt werden konnten, geht man doch davon aus, dass der Buchberg über lange Zeit hinweg bewohnt war. Einige freigelegte Mauern und Türme stammen aus den ersten Jahrhunderten nach Christus.

Die Gemeinde Weißenkirchen im Attergau hieß ursprünglich St. Margarethen am Walde. Erst im 15. Jahrhundert scheint der heute übliche Name auf, der darauf hinweist, dass eine frühere Holzkirche durch einen Steinbau ersetzt wurde. Auf der barocken Kanzel der heutigen Pfarrkirche finden sich interessante Darstellungen mit starken Bezügen zur Region: Das Bild eines Sämannes in der alten bäuerlichen regio-

nalen Tracht sowie die Erscheinung des auferstandenen Jesus mit den Jüngern in einer Landschaft, die jener des Attergaus entspricht.
Als das Wallfahrtswesen mit der Gegenreformation einen neuen Aufschwung erlebte, wurde auch Weißenkirchen zum Ziel der Pilger. Man pilgerte zum heiligen Leonhard, dem zweiten Kirchenpatron neben Margaretha. Auch der „Leonhardi-Ritt" entstand zu jener Zeit, wurde im Zuge des Wallfahrtsverbots Josefs II. verboten und erst 1924 wieder aufgenommen. Er findet jedes Jahr um den Patronatstag am 6. November statt. Nach einem Festgottesdienst zieht ein Zug von Gespannen und Reitern durch den Ort. Die Pferde werden gesegnet, anschließend erfolgt der Ritt um die Kirche. Mit diversen traditionellen Reitspielen wie dem „Kranzlstechen" oder dem „Fasslschlagen" endet der Tag.
1716 wurde die Glashütte Freudenthal von Reichsgraf Franz Ferdinand Khevenhüller im Sprenzltal bei Weißenkirchen errichtet. Hier wurde eine breite Palette an Glasprodukten erzeugt, die in den Ländern der Donaumonarchie vertrieben wurden. Nach dem Ende des Zweiten Weltkriegs wurde die Produktion eingestellt. Heute befindet sich in Weißenkirchen ein Glasmuseum, in dem man unter anderem Produkte der Glashütte Freudenthal besichtigen kann. 2005 wurde ein Themenweg eröffnet, der vom Museum ausgehend inmitten schöner Natur nach Freudenthal führt.

Bei Weißenkirchen im Attergau

Detail Schloss Kogl

Schloss Kogl

Bis ins 13. Jahrhundert war der Ort Attersee das weltliche Zentrum des Attergaus. Um 1264 ließ Bischof Berthold von Bamberg den Verwaltungssitz aus wehrtechnischen Gründen auf den Koglberg, den Hausberg der St. Georgener, verlegen. Die neue Burg hieß zuerst „Neuattersee", bald aber „Kogl". Die Feste hatte viele Besitzer, sie wurde häufig verpfändet: So zum Beispiel 1309 an die Schaunberger, 1379 an Albrecht II. von Österreich oder, bis 1411, an die Wallseer. Kaiser Rudolf II. verkaufte Burg Kogl schließlich 1570 an Hans Freiherrn von Khevenhüller, seinen Botschafter in Madrid. Die Khevenhüller verließen Mitte des 18. Jahrhunderts die wohl schon etwas baufällig gewordene Burg und errichteten ein neues Schloss am Fuße des Koglbergs; Bauherr dürfte Ferdinand Anton Graf Khevenhüller gewesen sein. Das alte Gebäude verfiel, heute sind nur mehr einige Mauerreste davon übrig. 1810 verkaufte Josef Graf Khevenhüller das Anwesen an den Wiener Hofadvokaten Dr. Andreas Pausinger. 1872 wurde das Schloss an den Freiherrn Franz Mayr-Melnhof verkauft, der es 1884 seiner Tochter Theodora anlässlich ihrer Heirat mit Graf Adalbert von Kottulinsky schenkte. 1911/12 wurde das Schloss renoviert und erhielt sein heutiges Aussehen. Schloss Kogl blieb im Besitz der Familie Mayr-Melnhof; 2004 wurde es einer umfassenden Renovierung unterzogen, heute können seine Repräsentationsräume sowie der Park für festliche Anlässe gemietet werden.

Das Schloss ist als hufeisenförmige Anlage errichtet, um die sich ein weitläufiger Park erstreckt. Eine markante Allee führt vom Markt St. Georgen zum Schloss Kogl. Prachtvoll ist auch das Innere des Schlosses. In der Eingangshalle finden sich Fresken von Franz von Pausinger, dem Sohn des ehemaligen Schlossbesitzers. Er schuf auch die fünf großen Jagdbilder, die im Speisesaal von Kogl hängen. Das Stiegenhaus und die Galerie sind hingegen mit Fresken der beiden Maler Josef Anton Engelhart und Eduard Komlóssy prunkvoll gestaltet. Sie zeigen Szenen aus Stücken von Ferdinand Raimund. In der Kapelle des Schlosses hat Richard Jakitsch die sechs Kreuzwegstationen gestaltet; von ihm stammt auch die Figur des fischenden Knaben am Brunnen im Hof des Schlosses.

Wer Schloss Kogl für einen längeren Aufenthalt wählt, kann außerdem das sogenannte „Teehaus" am nahen Attersee nützen, ein elegantes Badehaus mit Steg direkt ins kühle Nass.

Bild unten: Schloss Kogl, Parkansicht
Nächste Doppelseite: Schloss Kogl, Hauptstiege mit Fresken

Traunsee

Bei einer Reise an den Traunsee, den zweitgrößten See des Salzkammerguts, begegnet man dem Erbe der ehemaligen „Salzkammer" noch auf Schritt und Tritt: sei es im industriell geprägten Ebensee, wo seit Ende des 16. Jahrhunderts Salz gesotten wird, sei es im immer noch kaiserlich anmutenden Gmunden, wo heute die Landschaft des Salzkammerguts auf reges städtisches Treiben trifft. Geschäftig ging es am Traunsee auch schon vor einigen Jahrhunderten zu. Einst wurde hier das aus Hallstatt kommende Salz weitertransportiert, bei günstigem Wetter konnte man auf dem See sogar Segel setzen und auf Pferde als Zugtiere verzichten.

Diese wirtschaftliche Bedeutung hat der Traunsee verloren, doch lockt er heute umso mehr Besucher an: Er ist als tiefster See Österreichs bei Tauchern sehr beliebt und die häufigen, manchmal auch unberechenbaren Winde begeistern Segler und Surfer. Während sich am Westufer einladende Badebuchten finden, ist der Großteil des Ostufers nicht erschlossen – hier dominiert der wuchtige Traunstein, das markante Kennzeichen des Sees, für Anreisende bereits von Weitem erkennbar. Für die Einheimischen ersetzt der Traunstein außerdem den Wetterbericht. Der Hausberg verrät nämlich, ob es schön wird oder nicht: „Hat der Traunstein einen Hut, wird das Wetter gut!", lautet einer dieser meteorologischen Leitsätze. Kaiser Maximilian I. behauptete, den Traunstein als Erster bestiegen zu haben – die Einheimischen wussten allerdings, dass es bereits viele Gamsjäger vor ihm auf den Gipfel geschafft hatten.

Der Name des Sees wird 909 erstmals urkundlich erwähnt: „Trunseo" lautet die Bezeichnung, die von der Traun, die den See durchfließt, abgeleitet ist. Andere Namen hatten die Römer für das Gewässer – als „Lacus Felix", Glücklicher See, und „Lacus Veneris", See der Venus, wird es von ihnen bezeichnet. 1545 schließlich taucht mit „Gmundner See" erstmals der bis heute geläufige Zweitname auf.

Wohl fühlt sich am Traunsee auch, wer die typisch österreichische Mehlspeisenküche schätzt, die man hier, vor allem in Gmunden, in zahlreichen Kaffeehäusern genießen kann. An erster Stelle ist hier wohl die „Café-Konditorei Grellinger" zu nennen, in der die Gäste seit 1898 mit französisch-wienerischen Confiseriespezialitäten verwöhnt werden. Jean Grellinger, ein gebürtiger Schweizer, hatte sein Handwerk in der eleganten „Confiserie Rumpelmayer“ in Nizza gelernt, um es danach bei Demel in Wien zu perfektionieren. Schon dort wurde er in allerhöchsten Kreisen bekannt – Sisi selbst war von seinen Kreationen begeistert und ließ sie regelmäßig bestellen. Auch am Traunsee verkehrte schon bald die feinste Gesellschaft in seinem Café, Schloss Cumberland bestellte Torten und auch die schriftstellerische Elite von Hugo von Hofmannsthal und Arthur Schnitzler über Peter Altenberg bis hin zu Thomas Bernhard ging über die Jahre ein und aus. Bis heute bezeugt das Gästebuch mit Einträgen ungezählter illustrer Persönlichkeiten die ungebrochene Beliebtheit dieser Gmundner Institution.

Wer Kaffee und Torte noch näher am Wasser mit direktem Seeblick genießen möchte, kehrt in der „Café-Konditorei Baumgartner“ ein: Dort gibt es auch Schwaneneier aus Nougat, die dem heimlichen Wappentier Gmundens gewidmet sind, dem Schwan. Diese Tiere hat es hier allerdings nicht immer gegeben, ihre Geschichte bringt einen – wie so oft im Salzkammergut – auf die Spuren der kaiserlichen Familie. Die Höckerschwäne wurden hier nämlich 1875 von Erzherzogin Elisabeth, der Frau von Erzherzog Karl Ferdinand von Österreich, angesiedelt, die fand, man könne den Gmundner Bäckerwinkel auf diese Weise noch romantischer gestalten. Mittlerweile ist die Kolonie jedenfalls auf über 100 Schwäne angewachsen.

Der bekannteste Blick von Gmunden – das Seeschloss Ort

In der Gmundner Altstadt
Bild rechts: Berühmt ist Gmunden für seine Keramik

Gmunden

Die Stadt Gmunden ist der größte Ort am Traunsee und damit ein wichtiges Zentrum. Das war Gmunden bereits im 11. Jahrhundert, damals noch für den Salzhandel. Der Name der Stadt leitet sich von der Mündung der Traun in den See ab.

1490 wurde der noch heute bestehende Kammerhof errichtet; er war bis 1850 Sitz des Salzoberamtes und damit des Salzamtmannes, des höchsten Beamten des Salzkammerguts. Von hier aus wurde also über sämtliche Belange in der Region entschieden. Die

glanzvollen Bürgerhäuser in der Stadt sind Beweis für den blühenden Handel, der 1829 durch die Eröffnung der Pferdeeisenbahnlinie Gmunden–Linz–Bud-

weis zusätzlich erleichtert wurde. Allerdings transportierte die Eisenbahn bald mehr Personen als Waren: Mit dem Bau der Salzkammergutbahn verlagerte sich der Transport des Salzes auf die Schiene und Gmunden und sein Hafen, „Ansetz" genannt, verloren als Umschlagplatz rasch an Bedeutung. Heute legen in Gmunden aber immer noch Schiffe an, unter ihnen die „Gisela", ein Raddampfer, benannt nach der zweiten Tochter Kaiser Franz Josephs I., der seit 1871 im Dienst steht. Der Kaiser hat sich auf diesem Schiff übrigens höchstpersönlich mehrmals nach Ebensee bringen lassen, um von dort nach Bad Ischl weiterzureisen.
Wie anderen Orten im Salzkammergut gelang auch Gmunden nach dem

Keramik vom Traunsee

Bereits im 16. Jahrhundert gab es in Gmunden eine blühende Keramikproduktion, Ende des 19. Jahrhunderts war jedoch lediglich eine Werkstatt übrig geblieben: Hier wirkte der Keramiker Franz Schleiss, dessen Arbeiten mit zahlreichen Preisen ausgezeichnet wurden und der es schließlich sogar zum Bürgermeister von Gmunden brachte. Die Schleiss'sche Werkstatt erlebte vor allem zu Beginn des 20. Jahrhunderts, nach der Übernahme durch den gleichnamigen Enkelsohn, in enger Zusammenarbeit mit Künstlern der Wiener Werkstätte eine Blütezeit. Einer war dabei besonders aktiv: Franz von Zülow, ein zeitweiliger Geschäftspartner von Schleiss, bemalte bald nicht nur Keramiken, sondern auch Wände, Decken, ja, das gesamte Mobiliar für seine Kunden. Viele der damals aktiven Künstler gründeten 1928 gemeinsam die Künstlergilde Salzkammergut, die bis heute in Gmunden aktiv ist.
Die berühmte Gmundner Keramik wird immer noch in der ortsansässigen Manufaktur hergestellt. Das bekannteste Dekor ist „grün geflammt"; die Farbe dominiert bereits seit 1780 die Gmundner Keramik. Davor gab es eine „blaue Phase", die Meisterleistungen europäischer Fayencekunst hervorbrachte. Neben abstrakten Mustern finden sich auch figürliche Darstellungen, die kulturgeschichtlichen Wert haben: so z. B. Abbildungen der Traunreiter, der Pferdeeisenbahn und der ersten Dampfschiffe am Traunsee. Sämtliche Dekore sind von Hand gemalt und jedes Stück ein Unikat, genau wie die Keramikglocken hoch oben am Gmundner Rathaus.

Niedergang des Salzhandels die Anpassung an die neue Zeit. Die Stadt hat den Vorteil, direkt am See zu liegen, und die lange Esplanade, die 1860 nach dem Abriss der Stadtmauern entstand, lädt mit großartigen Ausblicken auf den Traunstein, die Schlafende Griechin (den Erlakogel) und das Seeschloss Ort zu Spaziergängen ein. Gmunden kann mit einigen Wahrzeichen aufwarten: Auch dank der Fernsehserie „Schlosshotel Orth" ist das (korrekt ohne „h" geschriebene) Seeschloss Ort wohl eines der bekanntesten. Das über eine lange Brücke erreichbare Schloss im See ist allerdings nie ein Hotel gewesen. 909 wurde das Schloss erstmals urkundlich als Besitz der Ritter von Orth erwähnt. Sein heutiges Erscheinungsbild stammt zum Großteil aus dem 16. Jahrhundert, wobei vor allem der wuchtige, von weither sichtbare Turm über dem Tor sowie der

Vorhergehende Doppelseite: Seeschloss Ort mit Traunstein und Schlafender Griechin
Bild oben: Am Traunsee hat die Schifffahrt eine lange Tradition
Bild unten: Goldene Momente – Sonnenuntergang bei Hois'n

malerische Arkadenhof bedeutend sind. Das Seeschloss wird ergänzt durch das am Ufer gelegene Landschloss, das der steirische Graf Adam Herberstorff, berühmt-berüchtigt während der Bauernkriege, 1626 erbaut hat.

Die Geschichte von Schloss Ort ist zeitweise auch mit den Habsburgern verbunden: 1879 erwarb es Erzherzog Johann Salvator, der aus der 1869 aus der Toskana vertriebenen Linie der Familie stammte. Er machte sich durch seine Kritik am Führungsstil der Habsburger unbeliebt und mit seinen Plänen zur Modernisierung der Armee weitere Feinde. Als er sich in die Tänzerin Milli Stubel verliebte, wollte er diese unstandesgemäße Beziehung durchaus fortsetzen und entschloss sich zu einem unerhörten Schritt: Er verzichtete auf seinen Titel und seine Rechte, nahm – nach seinem Schloss – den bürgerlichen Namen Johann Orth an, heiratete Milli Stubel und wurde Spediteur. Sein neues Leben als einfacher Mann aus dem Volke war allerdings nicht von langer Dauer. Er ist gemeinsam mit seiner Frau seit einem Schiffsunglück 1890 vor Südamerika verschollen.

Heute ist im Landschloss Ort eine forstwirtschaftliche Schule untergebracht, das Seeschloss wird für Veranstaltungen und Ausstellungen genutzt und Romantiker können sich hier auch trauen lassen: Das Schloss beherbergt ein Standesamt.

Neben dem Landschloss Ort befindet sich ein weiteres prächtiges Gebäude: die „Villa Toscana", die erhöht inmitten eines hübschen Landschaftsparks auf der Halbinsel südlich von Gmunden liegt. Der Name dieser Villa geht ebenfalls auf den Toskana-Zweig der Habsburger-Familie zurück: Erzherzog Johann Salvator hatte die Villa 1870 für seine Mutter, Gattin des letzten Großherzogs von Toskana, selbst entworfen. 1913 wurde das Anwesen von der neuen Besitzerin, Ludwig Wittgensteins Schwester Margarete Stonborough-Wittgenstein, innen im Jugendstil umgestaltet. Mittlerweile ist die „Villa Tos-

Raddampfer „Gisela"

cana“ im Besitz der Stadtgemeinde und Teil eines angebauten Kongress- und Veranstaltungszentrums. Der Landschaftspark ist erhalten geblieben; in der ebenfalls darin gelegenen „Kleinen Villa Toscana“ oder „Villa Stonborough-Wittgenstein“ befindet sich seit einigen Jahren das Thomas-Bernhard-Archiv. Durchaus passend, hatte der Schriftsteller doch selbst jahrelang eine Wohnung in Gmunden, wo er auch verstarb. Es gab auch enge Verbindungen zwischen der Familie Wittgenstein und Thomas Bernhard, der in seinem Roman *Wittgensteins Neffe* seine Freundschaft mit Paul Wittgenstein literarisch verarbeitet hat.

Bild unten: Innenhof des Schlosses
Bild rechts oben: Gmundner Bürgertracht
Bild rechts unten: Frühling um den Traunstein

Ein weiteres Schloss findet sich nördlich der Traunbrücke, im Stadtteil Traundorf. Dort ließ sich nach der Schlacht bei Königgrätz der Welfenkönig Georg V. von Hannover nieder. Er war im Krieg auf der Seite Österreichs gestanden und musste nach der Niederlage gegen Preußen fliehen. Kaiser Franz Joseph I. gewährte der befreundeten Königsfamilie Asyl. Während Georg V. die „Villa Thun“ bewohnte, ließ sein Sohn Ernst August später das Schloss Cumberland erbauen – der Name leitet sich von dem an Georg V. verliehenen Adelstitel „Herzog von Cumberland“ ab. Das Schloss beherbergt heute ein Pflegeheim, die „Villa Thun“ gehört allerdings immer noch der Familie Hannover.

Eine Ur-Gmundnerin ist die Straßenbahn, die seit 1894 den oberhalb der Stadt gelegenen Bahnhof mit dem Stadtzentrum verbindet und dabei gleich mehrere Rekorde bricht: Nicht nur gilt sie als kürzeste Straßenbahn der Welt, sondern auch als älteste elektrische Tram Österreichs und ist dabei mit einer Neigung von bis zu 10 % sicher eine der steilsten. Eine Fahrt in einem der Nostalgiewagen ist nach wie vor ein besonderes Erlebnis.

Einmal im Stadtzentrum angelangt, ist der Rathausplatz Ausgangspunkt nicht nur für die Besichtigung der Bürgerhäuser

der Stadt. Dort befand sich bis 1870 auch der Umschlagplatz für das Salz, denn hier endeten die Gleise der Pferdeeisenbahn. Das Rathaus selbst stammt in seiner Struktur aus dem 16. Jahrhundert, die reich verzierte Fassade aus dem 18. Jahrhundert. Der mittlere Teil ist mit drei Loggien ausgestattet, wobei sich in der obersten das einzige Keramikglockenspiel Österreichs befindet. Die 24 Glocken sind natürlich aus der berühmten Gmundner Keramik; grün geflammt leuchten sie von Weitem unter dem Österreich-Wappen, das – wie in vielen Orten im Salzkammergut – immer noch vom Doppeladler geziert wird.

Fährt man von Gmunden weiter Richtung Süden, fällt kurz vor Altmünster, rechts am Hang gelegen, Schloss Traunsee auf, das Herzog Philipp von Württemberg ab 1872 als „Villa Maria Theresia" für seine Frau erbauen ließ. Nach dem Tod Philipps und seiner Gattin diente das Anwesen ab 1927 unter anderem zur Einquartierung

sudetendeutscher Flüchtlinge, als Heim der Hitlerjugend und heute als Internat. In Altmünster selbst erhebt sich seit dem Ende des 13. Jahrhunderts Schloss Ebenzweier. Das Schloss gelangte zu Beginn des 19. Jahrhunderts in den Besitz des Linzer Großbürgers Florian Max Clodi, der Ebenzweier zu einem beliebten Treffpunkt für Künstler machte. Hier malte Moritz von Schwind, Franz Schubert hat vermutlich 1825 einen ganzen Sommer hier verbracht. 1830 erwirbt Maximilian Joseph von Österreich-Este das Anwesen und erweitert das Gebäude im Stil der griechischen Klassik. Er schafft sich hier seinen Wohnsitz und ist in Altmünster und Umgebung als Förderer zahlreicher Gruppen wie geistlicher Orden, aber auch von Handwerkern der Region aktiv. Als Max Joseph 1863 stirbt, ist die Trauer um den Gönner in Altmünster groß.

Das Ortsbild von Altmünster wird von der Pfarrkirche St. Benedikt geprägt. Der Kirchenbau lässt deutlich verschiedene Bauetappen und Stile erkennen. Der Turm stammt weitgehend aus der Romanik, der dreischiffige Mittelteil aus gotischer Zeit, der Altarraum schließlich wurde 1625–1627 im Renaissancestil erbaut, Sakristei und Oratorium erhielten 1905 ihre neubarocke Form. Der barocke Hochaltar stammt ebenso wie die beiden Altarstatuen St. Georg und St. Florian sowie einige

Süßes Seeschloss Ort

Engelsfiguren vom Bildhauer Michael Zürn dem Jüngeren (1654–1698).
Besonders bekannt ist die Pfarrkirche in Altmünster aber natürlich für ihre Krippe, die von Johann Georg Schwanthaler (1740–1810) geschaffen wurde. Schwanthaler entstammte einer Bildhauerfamilie; bereits sein Großvater hatte 1678 den Dreikönigsaltar für Gmunden geschaffen und damit den Grundstein für die Tradition der Krippenlandschaft im Salzkammergut gelegt. Da das öffentliche Aufstellen von Krippen unter Kaiser Josef II. verboten worden war, begannen die Menschen, die Krippen in ihren Häusern aufzustellen. Bergknappen und Holzknechte, die im Winter mehr Zeit zur Verfügung hatten, fertigten selbst die Figuren und Kulissen an. Die Szenen entsprangen dabei oft rein der Fantasie.
Während die Familie Schwanthaler in ihrer Mehrheit im Raum Ried im Innkreis tätig war, richtete sich Johann Georg Schwanthaler in Gmunden seine Werkstatt ein. Dort schuf er auch die Krippe für die Pfarrkirche zu Altmünster, die aus sieben Bildern in sechs Vitrinen mit insgesamt über 60 Figuren besteht. Die Krippe hat viele Nachahmungen angeregt und gilt nicht zuletzt deshalb als „Mutterkrippe des Salzkammerguts".

Die Schwanthalerkrippe in Altmünster

Diese wie andere Krippen besichtigt man jedes Jahr Ende Dezember bei der sogenannten „Kripperlroas". Darunter versteht man das Wandern bzw. Reisen (von „roasn", sich auf den Weg machen) von Krippe zu Krippe. Man besucht dabei sowohl Krippen in Kirchen als auch in Privathäusern; die Interessierten zur Besichtigung offen stehenden Krippen werden dabei schon frühzeitig angekündigt und beschrieben. Die „Kripperlroas" findet an vielen Orten im Salzkammergut statt, wobei es regionale Besonderheiten gibt. So finden sich etwa in Ebensee, wo die „Schnegerer", die Krippenschnitzer, eine lange Tradition haben, die „Ebenseer Landschaftskrippen", in denen die Krippenszenen in der Gegend um Ebensee dargestellt werden und heimische Figuren und Tiere miteinbezogen werden.

Traunkirchen

Traunkirchen bleibt ob seiner wunderschönen Lage zwar auch Vorbeireisenden in Erinnerung, ein Besuch des pittoresken Ortes sei aber jedem empfohlen! Traunkirchen war bis zur zweiten Hälfte des 19. Jahrhunderts die letzte auf dem Landweg zu erreichende Siedlung am Traunsee. Spätestens hier musste man aufs Schiff umsteigen, weil der Große und der Kleine Sonnstein ein Weiterkommen unmöglich machten. Die Straße und die Eisenbahnlinie wurden 1861 bzw. 1886 errichtet; nun konnte man ohne umzusteigen bis nach Bad Ischl reisen, was für die Sommerfrischler eine große Erleichterung war. Später freilich wurde der immer stärkere Verkehr zu-

Bild links: Traunkirchen mit dem Traunstein
Bild unten: Musikanten in Pause, hier in Traunkirchen

nehmend zur Plage und daher eine Umfahrung Traunkirchens unerlässlich.
Auch das Löwendenkmal kann man deshalb heute zwischen den Tunnels nur im Vorbeihuschen erkennen. Der Löwe wurde zur Vollendung der sogenannten „Kunststraße“ 1861 zu Ehren von Kaiser Franz Joseph I. errichtet; der Entwurf stammte vom Traunkirchner Lehrer A. Fischer, ausgeführt wurde das Denkmal wahrscheinlich vom Linzer Künstler Ferdinand Scheck d. J. Nachdem das Denkmal in den 1960er-Jahren von Neofaschisten in die Luft gesprengt worden war, hat man es renoviert, fehlende Teile ergänzt. 2010 wurde der Löwe schließlich unter Denkmalschutz gestellt und restauriert. Dabei konnte mit dem Mythos aufgeräumt werden, dass dem Löwen die Zunge fehle. Es hatte sogar geheißen, der Erbauer hätte sich in den See gestürzt, als der Makel des Tieres bekannt wurde. Tatsächlich gefehlt hat dem Löwen seit dem Anschlag die originale Pranke, die nun im Zuge der Restaurierung aber wiedergefunden wurde.
Eindrucksvoll ist der erste Blick auf Traunkirchen: Auf einem bewaldeten Felsvorsprung über dem See erhebt sich weithin sichtbar das Wahrzeichen des Ortes, die 1356 erstmals erwähnte Johannesbergkapelle. Sie befindet sich

Bild links: Detail der Fischerkanzel in Traunkirchen
Bild rechts: Pfarrkirche Maria Krönung mit der berühmte Fischerkanzel

auf der Spitze des einstigen Odinsberges, der ein vorgeschichtlicher Opferplatz war, auf dem später auch ein römischer Tempel stand. Ein steinerner Kopf aus der Römerzeit ist in der Kapelle noch zu sehen. Beliebt ist der Johannesberg auch bei Spaziergängern; man kann ihn am noch heute sogenannten „Odinsweg" umrunden.

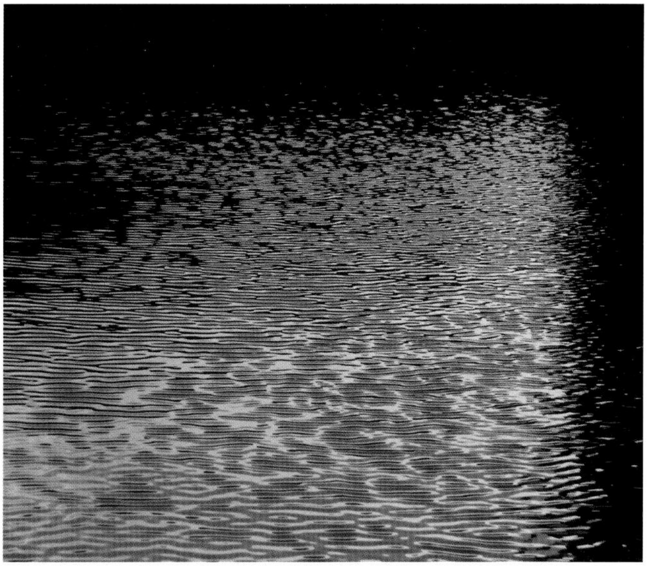

Licht und Schatten bei Traunkirchen

Die erste Abtei in Traunkirchen, die Abtei „Trunseo", wurde wohl bereits 632 erbaut. 1020 wurde von Nonnen aus dem Erinkloster in Salzburg ein Benediktinerinnenkloster errichtet, das bis zur Reformation große Bedeutung für die Region hatte. Zweimal in seiner Geschichte wurde das Kloster bei Bränden nahezu komplett zerstört: Nach der ersten Feuerkatastrophe 1327 bauten die Nonnen die Gebäude wieder auf. 1632 wütete erneut ein Brand, diesmal begannen die Jesuiten, die das während der Reformation verlassene Kloster übernommen hatten, mit dem Neuaufbau jener Barockbauten, die bis zur heutigen Zeit erhalten sind. Die vier Andachtskapellen des Kalvarienberges wurden im Jahr 1739 ebenfalls von den Jesuiten errichtet.

1773 wurde das Kloster aufgelöst, die Klosterkirche wurde zur Pfarrkirche Mariä Krönung. Die Kirche beherbergt die 1753 von einem unbekannten Künstler gestaltete berühmte Fischerkanzel. In Form eines Bootes geschnitzt, stellt sie das Wunder vom reichen Fischfang dar, wie es im Lukas-Evangelium beschrieben wird: Die beiden Apostel Jakobus und Johannes ziehen ein Netz mit Fischen an Bord, im Hintergrund Jesus und Petrus. Am Schaldeckel der Kanzel befindet sich eine Statue des heiligen Franz Xaver, eines Jesuiten und Pioniers der christlichen Mission in Indien und Japan. Dementsprechend sitzen vier Figuren mit dunkler Hautfarbe als Vertreter des Fernen Ostens zu seinen Füßen. Eine von ihnen trägt ein Band mit der Zahl 1.200.000 – so viele Menschen soll Franz Xaver zum Christentum bekehrt haben. Vor dem Heiligen sieht man einen Krebs, der ein Kreuz zwischen seinen Scheren hält. Dies erinnert an eine Episode im Leben des Heiligen, der sein Kreuz in einem Sturm auf hoher See verloren hatte. Nach dem Unwetter wurde es ihm von einem Krebs zurückgebracht.

Um die Pfarrkirche erstreckt sich der stimmungsvolle Friedhof.

Die Traunkirchner Tradition der Fronleichnamsprozession am See wurde im Jahre 1632, nach dem zweiten Brand des Kloster, von den Jesuiten eingeführt und erfreut sich, wie jene am Hallstätter See, auch heute noch großer Beliebtheit. Nach dem Hochamt in der Pfarrkirche zieht die Prozession, begleitet von Melodien, die noch aus der Jesuitenzeit stammen, in Richtung Seetor des einstigen Klosters. Dabei trägt der Pfarrer unter einem von vier Männern getragenen, gelb und rot bestickten Baldachin, dem so genannten Himmel, das Allerheiligste. Danach folgen zahlreiche Zunft- und Bruderschaftsfahnen sowie Kinder mit den Fahnen der Kirche und Oberösterreichs. Nicht fehlen dürfen auch die in Festtracht gekleideten Frauen mit ihren traditionellen Goldhauben, der Kinderchor und die Ortsmusik. Die Prozession begibt sich sodann auf die „Himmelsfuhre", die, von zahlreichen Booten begleitet, insgesamt drei Segensstationen am See feiert. Die letzte Station führt die Prozession dann wiederum an Land, sie wird am Ortsplatz vor dem Kriegerdenkmal gefeiert. Beim Anlegen und während der letzten Station wird der Hymnus „Die Himmel rühmen des Ewigen Ehre" gespielt, den Ludwig van Beethoven neu vertont hat. Es bieten sich verschiedene Möglichkeiten, die Prozession mitzuerleben, besonders stimmungsvoll ist es, auf der Him-

„Hat der Traunstein einen Hut, wird das Wetter gut!"

melsfuhre oder der so genannten Gegenfuhre, meist der Raddampfer Gisela der Traunseeschifffahrt, mitzufahren. Die Prozession am See hatte bei ihrer Einführung nicht nur räumliche Gründe – am Wasser gibt es mehr Platz als im Ort –, sondern sollte auch dazu dienen, den Gläubigen in Zeiten der Gegenreformation das Eucharistiegeheimnis auf besonders eindrucksvolle Weise zu vermitteln. Auch in Traunkirchen finden sich einige Villen mit Geschichte. Die „Spitz-Villa", etwas außerhalb von Traunkirchen gelegen, wurde 1897 vom Offizier Karl Rudolf von Slatin, genannt „Slatin Pascha", erworben. Er stand unter anderem im Dienst der englischen Königin Victoria und hatte als ehemaliger Gouverneur der Provinz Darfur Kontakte zu zahlreichen berühmten Persönlichkeiten seiner Zeit. So waren König Edward VII. und Kaiser Franz Joseph I. Gäste in seiner „Villa Spitz". Heute beherbergt das Gebäude ein Restaurant.

Die „Russenvilla", auch „Villa Pantschoulidzeff", wurde 1850 bis 1854 nach Plänen des berühmten dänisch-österreichischen Architekten Theophil von Hansen für eine russische Fürstentochter, Gräfin Sophie Pantschoulidzeff, erbaut, die hier glanzvolle Gesellschaften gab. Zu Gast waren unter anderem Erzherzog Maximilian, der nachmalige Kaiser von Mexiko, die Komponisten Anton Rubinstein und Wilhelm Kienzl, Rainer Maria Rilke sowie Adalbert Stifter.

Bei Winkl am Traunsee

Ebensee und Umgebung

Am südlichen Ende des Traunsees liegt Ebensee, das wahrscheinlich als einer der historisch bedeutendsten Orte des Salzkammerguts zu bezeichnen ist. Hier wird seit 1595 Salz erzeugt, seit 1607 führt die älteste Soleleitung vom Hallstätter Salzberg in den Ort am Traunsee, seit Anfang des 20. Jahrhunderts wird auch die Sole aus Altaussee hierher geleitet. Noch immer befindet sich die Saline in Ebensee, wenngleich sie mittlerweile etwas außerhalb, im Ortsteil Steinkogel, liegt. Auch Ebensee, nicht eben bekanntestes Urlaubsziel im Salzkammergut, kann im Ortsteil Rindbach mit einigen historischen Villen und illustren Gästen aus seiner Geschichte aufwarten. So wurde der Schriftsteller Hermann Bahr einst von seinem Vater zu einem Zwangsurlaub in den „Gasthof Steinkogl", zwischen Ebensee und Bad Ischl gelegen, geschickt. Um sich auf die Staatsprüfung vorzubereiten und sich „in frischer Gebirgsluft und im duftenden Walde" selbst zu finden, wie sein Vater schrieb. Freilich fand Bahr Wege, die Vorstellungen des Vaters zu umgehen und seinen Vergnügungen nachzugehen. Dabei lernte er einen schweigsamen, unscheinbaren jungen Mann kennen: den Komponisten Hugo Wolf. Dieser war in Ebensee allerdings als eher seltsamer Zeitgenosse bekannt: Seine neuen Kompositionen singend und schreiend wanderte er durch die Wälder.

Ein anderer illustrer Gast, von den Einheimischen eher argwöhnisch betrachtet, war Fritz von Herzmanovsky-Orlando. Er verbrachte zahlreiche Sommer in seiner „Villa Almfried" in Rindbach bei Ebensee. Herzmanovsky-Orlando, der in seinen Werken nicht mit antisemitischen und rassistischen Kommentaren sparte, äußerte sich jedoch nach dem Krieg empört über die Nazis in Ebensee: „Almfried" hatte das Kommando des KZ Ebensee beherbergt. In den 1990er-Jahren wurde das Haus schließlich abgerissen.
Zu trauriger Berühmtheit gelangte Ebensee, als hier 1943 mit dem Arbeitslager „Zement" eines der größten Nebenlager des KZ Mauthausen errichtet wurde. Nach der Befreiung der rund 18.000 Gefangenen durch die Alliierten im Mai 1945 wurde ein Friedhof errichtet; auf

Bilder oben und unten: An den Langbathseen

dem überwiegenden Teil des Geländes baute man eine Wohnsiedlung. Erst 1952 entstand eine Gedenkstätte an jenem Ort, an dem 1948 noch weitere Massengräber entdeckt worden waren. Hier haben Angehörige der Opfer Denkmäler errichtet; die Gedenktafeln in verschiedenen Sprachen lassen die erschütternden Schicksale der Gefangenen erahnen. Vom Lager selbst ist nur noch das Haupttor erhalten, seit 1996 sind außerdem Teile der Stollenanlage, die die Inhaftierten errichten mussten, für Besucher zugängig. Im Gedenkstollen findet sich eine Ausstellung zur Geschichte des KZ Ebensee.

Die Ebenseerinnen und Ebenseer haben die historischen Geschehnisse zum Anlass genommen, Geschichte

genau zu dokumentieren und darzustellen. Neben der Gedenkstätte findet sich im Ort das Zeitgeschichtemuseum, das auf anschauliche Weise die Geschichte Österreichs und des Salzkammerguts von 1918 bis zur Unterzeichnung des Staatsvertrags 1955 präsentiert.

Neben dem namensgebenden See finden sich in der Region Traunsee am Ende von Seitentälern vor grandiosen Bergkulissen gelegen noch weitere Gebirgsseen, auch diese beliebte Ausflugsziele: die Langbathseen und der Offensee. Am

Bilder oben und unten: KZ-Gedächtnisstätte in Ebensee

Vorderen Langbathsee steht das ehemalige Jagdschloss Kaiser Franz Josephs I. Es erinnert daran, dass die Langbathseen sowie das gesamte Höllengebirge bis zum Ersten Weltkrieg als Jagdgebiet dem Kaiser vorbehalten waren und nur mit Genehmigung betreten werden durften. Heute ist lediglich der Hintere Langbathsee weder Fischern noch Wassersportlern zugänglich: Er ist absolutes Naturschutzgebiet. Der Vordere Langbathsee wurde noch im 19. Jahrhundert aufgestaut, um das geschlagene Holz mit der Wucht des Wassers über einen Gebirgsbach bis nach Ebensee transportieren zu können, wo es zum Betreiben der Saline benötigt wurde.

Der Offensee, nahezu rechteckig geformt, liegt mitten in einem Naturschutzgebiet und wird im Norden vom Eibenberg, im Süden vom Weißhorn und dem Rinnerkogel umrahmt. Im Sommer ist er einer der wenigen Seen, an denen man fast immer noch ein schattiges Plätzchen finden kann; sein gesamtes Ufer ist den Badegästen zugänglich. Im Winter hingegen lädt er, oft zur Gänze gefroren, zum Eislaufen und Eisstockschießen ein.

Alle drei Seen sind Ausgangspunkte für wunderschöne Wanderungen. Von den

Am Offensee im Toten Gebirge

Langbathseen gelangt man auf den Feuerkogel und zur Hochsteinalm oder, in anderer Richtung, zum Hochleckenhaus. Vom Offensee dagegen kommt man zum romantisch gelegenen Wildensee ins Tote Gebirge oder gar bis zum Almsee im benachbarten Almtal. Wer nicht so hoch hinaus will, sondern sich mit einer Seeumrundung begnügt, entdeckt dabei ein weiteres ehemaliges Jagdschlösschen der Habsburger.

Viele Traditionen und Bräuche haben sich im Salzkammergut noch in ihrer ursprünglichen Form erhalten und sind wichtiger Bestandteil des ländlichen Jahreslaufs. Dieser beginnt an den Tagen zwischen Weihnachten und dem Dreikönigstag mit den Raunächten, in denen traditionellerweise Haus und Hof zur Reinigung oft mithilfe von Weihrauch ausgeräuchert werden; die Glut wird nach dem Räuchern auf die Felder gebracht und soll die Erde fruchtbar machen.

Am 5. Jänner wird im Gebiet um den Traunsee, aber auch in Ischl die letzte der Raunächte mit dem „Glöcklerlauf" auf eine besondere Weise gefeiert. Mit ihren hell erleuchteten riesigen Kappen und Kuhglocken vertreiben die Glöckler böse Geister und die unheimliche Stille langer Winternächte. Der Glöcklerlauf entstand bereits

Bilder: Glöcklerlauf am 5. Jänner in Ebensee

vor 1870 in Ebensee. Die Glöckler laufen gemeinsam durch den Ort und vollführen dabei „Passen", mystische Figuren, Kreise, Spiralen und Achter. Die traditionellen Glöcklerkappen sind wahre Kunstwerke aus mit buntem Papier beklebten Holzrahmen, bemalt mit Motiven aus dem Salzkammergut, von innen mit Kerzen hell erleuchtet. Im Ausseerland ziehen Kinder in Gruppen von Haus zu Haus, „glöckeln" und bekommen die für diesen Anlass gebackenen „Glöcklkrapfen".

Um den Dreikönigstag wandern auch die Heiligen Drei Könige – die Sternsinger – von Haus zu Haus. Die Kinder, die diese Aufgabe übernehmen, singen bei ihren Besuchen, erbitten Geldspenden, die Hilfsprojekten der katholischen Kirche zugute kommen, und das besuchte Haus wird geweiht. Als sichtbares Zeichen schreiben die Sternsinger die Buchstaben „C+M+B" – Christus mansionem benedicat (Christus segne dieses Haus) – sowie die Jahreszahl auf den Türstock.

Fasching hat in Ebensee eine lange Tradition, die vermutlich Anfang des 17. Jahrhunderts von Salinenarbeitern aus Aussee mitgebracht wurde. Der Nachmittag des Faschingsdienstags war seit jeher arbeitsfrei. Als die Salinenlei-

tung diesen Brauch 1733 abschaffen wollte, kam es zur sogenannten „Faschingsdienstagsrevolte", bei der die Arbeiter schließlich ihr Recht auf den Fasching durchsetzten.

Die Feierlichkeiten, auch als „Ebenseer Nationalfeiertage" bekannt, beginnen bereits am Faschingsamstag und erreichen ihren Höhepunkt mit dem Fetzenzug am Fetzenmontag. Die „Fetzen" sind dabei mit Lumpen und geschnitzten Masken verkleidet. Nach dem Umzug kehren sie in die örtlichen Gasthäuser ein, wo bis in die Morgenstunden des Faschingsdienstags weitergefeiert wird. Die besondere Verkleidung kommt daher, dass die armen Leute früher ihr teures Sonntagsgewand nicht in den Gasthäusern schmutzig machen wollten. Lieber legten sie alte Kleidung an, die sie mit Stoffresten geflickt hatten. So entstanden immer buntere und „fetzigere" Gewänder, die schließlich zur Tradition des Fetzenmontags führten.

Der Fasching wird in Ebensee am Dienstag weitergefeiert, wo vor allem die Kinder beim „Nuss-Nuss" Nüsse und Süßigkeiten erhalten, und endet am Nachmittag des Aschermittwoch mit dem traditionellen Faschingsverbrennen am Traunufer.

Bilder: Fetzenfasching in Ebensee

Almtal

Eine der landschaftlich reizvollsten Regionen des Salzkammerguts ist das vom Massentourismus noch unentdeckt gebliebene Almtal. 20 km lang folgt das Tal durch wechselnde Landschaften dem Lauf der Alm, dem Fluss, der der Region seinen Namen gibt. Felder und sanfte Hügel prägen zu Beginn die Landschaft; nach Grünau werden die Wälder immer dichter, bis man schließlich an den am Talende gelegenen romantischen Almsee gelangt. Hier bietet sich eine großartige Aussicht auf die imposanten Gipfel des Toten Gebirges. Das Gebiet hat im Sommer wie im Winter seine Reize – z. B. als Ausgangspunkt für zahlreiche Wanderungen und anspruchsvolle Touren ins Tote Gebirge, auf den Großen Priel oder den Gipfel des Kasbergs mit prächtigem Rundblick. Letzterer ist auch im Winter ein lohnendes Ziel: Hier bietet ein kleines, aber feines Skigebiet

Anfängern wie Könnern eine Fülle an Möglichkeiten. Geprägt wird die Region vom Wasser – von der Alm, vom Grünalmbach und nicht zuletzt von ihren Seen, die zu den reinsten und klarsten des Salzkammerguts zählen.

Grünau ist der Hauptort des Almtals und hat sich seinen dörflichen Charakter bewahrt. Seinen Besuchern bietet Grünau einige Sehenswürdigkeiten, so z. B. den Jakobsbrunnen aus dem 17. Jahrhundert. Oder die Jakobuskirche, die, 1695–1709 erbaut, einen barocken Hochaltar beherbergt, der ursprünglich im Jahr 1512 für die Stiftskirche Kremsmünster errichtet wurde. Erst 1712 wurde er in die Grünauer Kirche eingepasst, wobei er allerdings etwas verkleinert werden musste. Dass der Altar gerade aus Kremsmünster stammt, ist übrigens kein Zufall: Noch heute sind

Rapsfeld bei Vorchdorf
Bild rechts: Spätwinter am Almsee

Großer Ödsee am Fuße des Toten Gebirges

weite Teile des Almtals in Stiftsbesitz. Auch das Seehaus am südlichen Ende des Almsees wurde 1652 als Wirtschaftshof des Stifts Kremsmünster erbaut. Heute beherbergt es einen Gasthof mit Fremdenzimmern.

Weitere Grundbesitzer in der Region sind die Welfen, die Prinzen von Hannover, Nachkommen König Georgs III. von Großbritannien, die auch das Jagdschloss Auerbach besitzen, wo sie sich regelmäßig aufhalten. Die Familie ist auch Eigentümer des Cumberland-Wildparks, dessen Name von dem an einen Vorfahren verliehenen Adelstitel „Herzog von Cumberland und Teviotdale" stammt.

„Hier hält die Stille" – was Adalbert Stifter vor über 150 Jahren über den Almsee geschrieben hat, trifft immer noch zu. Am Ende des Almtals gelegen, beeindruckt sein kristallklares Wasser, vor allem aber die Kulisse rund um den See: Er liegt am Fuße des Toten Gebirges, um ihn herum erheben sich majestätische Berggipfel. Hier entspringt auch die Alm, in die weiter nördlich der Grünaubach fließt und die schließlich wie so viele Flüsse und Seen des Salzkammerguts in die Traun mündet. Bekannt ist der mitten im Landschaftsschutzgebiet gelegene Almsee für verschiedene Besonderheiten: So gilt er als besonders fischreich, zeichnet sich aber auch durch kaltes Wasser aus. Im Winter friert er oft komplett zu und ist daher zum Eislaufen und Eisstockschießen sehr beliebt. Am Westufer des Almsees findet sich das sogenannte „Echoplatzl", an dem man unbedingt selbst das Echo ausprobieren sollte. Im Sommer veranstalten die Bläser des Musikvereins Grünau dort jede Woche das berühmte „Echoblasen". Die Zuhörer kommen nicht nur in den Genuss der musikalischen Darbietung, sondern hören auch deutlich das Echo über den See klingen. Zum jährlichen Grünauer Bläserfest finden sich Gruppen aus ganz Österreich ein, um beim sogenannten „Weisenblasen" am Ufer des Almsees ihr ausgezeichnetes musikalisches Können unter Beweis zu stellen.

Bei Spaziergängen um den See trifft man mitunter auf berühmte Tiere: Hier schnattern Graugänse – ja genau, die berühmten Gänse des Verhaltensforschers Konrad Lorenz, der die Tiere hier 1973 angesiedelt hat, weshalb das Almtal auch das „Tal der Vögel" genannt wird. Lorenz hatte ab den 1950er-Jahren in Westfalen eine Schar von Gänsen aufgezogen, die ihm als Untersuchungsobjekte zur vergleichenden Verhaltensforschung dienten. Als 70-Jähriger wollte der mittlerweile emeritierte und mit dem Nobelpreis ausgezeichnete Biologe nach Österreich zurückkehren. Im Almtal bekam

Mächtig erhebt sich der Große Priel

Bild oben und unten: Smaragdfarbenes Wasser des Ödsees
Bild rechts: Bei Vorchdorf – Blick Richtung Almtal und Traunstein

er Land zur Verfügung gestellt, wo er die Forschung an seinen Graugänsen weiterverfolgen konnte. Nun mussten nur noch die Tiere von Seewiesen bei München, wo sich Lorenz' damalige Forschungsstation befand, ins Salzkammergut übersiedelt werden. Doch das war gar nicht so einfach: Die Gänse versuchten immer wieder nach Bayern zurückzukehren; die Forscher hatten alle Hände voll zu tun, die Vögel davon abzuhalten. Schließlich gewöhnten sie sich aber an ihre neue Heimat. Die „Forschungsstelle Konrad Lorenz" untersucht derzeit nicht nur das Verhalten der Graugänse, sondern auch andere Tiere: So die hochintelligenten Raben, die vom Aussterben bedrohten Waldrappen – eine Ibisart, die in Mitteleuropa wieder heimisch gemacht werden soll –, Dohlen und für einige Zeit sogar Wölfe.

Folgt man nicht dem Lauf der Alm zum gleichnamigen See, sondern biegt zuvor links ab, erreicht man auf einer kurvenreichen Straße, die landschaftlich wunderschöne Blicke bietet, das „Almtaler Haus", das Bergsteigern als Ausgangspunkt für hochalpine Touren ins

Tote Gebirge bekannt ist. Ein Stück davor, versteckt im Wald, liegen die beiden Ödseen. Durch die günstige Lage sind beide Seen von sehr hoher Wasserqualität, besonders in der warmen Jahreszeit sind sie smaragdgrün und sehr klar. Sie zählen zu den saubersten und landschaftlich am schönsten gelegenen Seen der Region und sind im Sommer als Badeseen beliebt.

Ebenfalls an der Alm, allerdings ein Stück weiter nördlich als Grünau, liegt Bad Wimsbach-Neydharting. Die Auen, die sich um den Fluss gebildet haben, machen diese wald- und wasserreiche Gegend ebenfalls zum Naturschutzgebiet, das einen Besuch lohnt.

Eigentlich handelt es sich hier um zwei Orte: Wimsbach, ursprünglich ein Markt mit seit jeher regem Handwerk und einem in seinen Fundamenten mittelalterlichen Schloss, und Bad Neydharting, ein Heilmoorbad mit einer bis auf die Römer zurückgehenden Tradition. Seit den 1950er-Jahren nennt sich die Marktgemeinde Bad Wimsbach-Neydharting, eine Namensänderung, die auf den Kurort mit seinem Heil- und Moorbad aufmerksam machen soll. Die Wurzeln des Marktes Wimsbach reichen bis in die Römerzeit zurück. Dies bezeugen die Mauerreste der sogenannten „Villa Rustica", eines römischen Landhauses, das einst Teil einer größeren Siedlung gewesen sein muss. Wimsbach konnte seinen bäuerlichen Charakter weitgehend erhalten und man hat es verstanden, Traditionen bewusst zu bewahren. So findet jährlich eine „Mostkost" statt, bei der eine fachkundige Jury den Most der umliegenden Betriebe probiert. Das Tragen von Trachten, die hier noch einen hohen Stellenwert besitzen, sowie Veranstaltungen wie der „Georgi-Ritt", der jedes Jahr um Georgi (23. April) stattfindet, gehören ebenfalls zum kulturellen Erbe der Region.

Bekannt ist Wimsbach aber vor allem für sein Schloss und die zu diesem führende Kastanienallee. Schloss Wimsbach ist ein barockes Wohnschloss, das auf den Ruinen der niedergebrannten mittelalterlichen Burg errichtet wurde. Bei Ausgrabungen konnten noch Teile des alten Gebäudes sichergestellt werden. Auffallend ist, dass das Dach immer noch komplett mit Holzschin-

deln gedeckt ist. Einzigartig in der Gegend ist die markante Kastanienallee – eine der längsten Alleen der Welt: Die Bäume wurden gepflanzt, weil die Bewohnerinnen des Schlosses im Schatten zum nahen Wald spazieren wollten. Das Schloss befindet sich heute in Privatbesitz und ist daher nur nach Vereinbarung zugänglich.

Bad Neydharting wird als Moorbad 1364 das erste Mal urkundlich erwähnt. Eine historische Reisekarte aus dem frühen 16. Jahrhundert bestätigt, dass sogar der Naturforscher und Arzt Theophrastus Paracelsus in Bad Neydharting weilte. Die Region bietet einen einzigartigen Schatz für die Naturmedizin: das überaus seltene Flachmoor. Da das Moor nie ausgetrocknet ist, sind darin Kräuter und Heilpflanzen seit bis zu 30.000 Jahren im Wasser und damit unter Luftabschluss konserviert geblieben. Dies erklärt die besondere Wirksamkeit des Moors.

Eine weitere Besonderheit von Bad Wimsbach-Neydharting sind die zahlreichen Kapellen, Wegkreuze und Marterln, die sich in der Gegend um die Orte finden.

Bild links: Stimmung nahe Bad Wimsbach-Neydharting
Bild oben: Allee bei Bad Wimsbach
Bild unten: Winterstimmung am Almsee

Kontakte und Adressen

Informationen zum Salzkammergut, Hotels, Restaurants, Veranstaltungen und Ausflugstipps
www.salzkammergut.at

Urlaubsregion Mondseeland (Mondsee – Irrsee)
www.mondsee.at

Museum Mondseeland und Österreichisches Pfahlbaumuseum
www.salzkammergut.at

Schloss Mondsee
www.schlossmondsee.at

Mondseer Rauchhaus
www.museummondsee.at

Schafberg/Schafbergbahn
www.schafbergbahn.at

Irrsee
www.mondsee.at

Kolomanskirche
www.mondsee.at

Region Attersee
www.attersee.at

Tostmann Trachten
www.tostmann.at

Pfarrkirche Attersee und Gampern
www.atterwiki.at

Martinskirche und Fromingerhaus
www.austria-lexikon.at

Wildfang Naturfisch
www.wildfang-naturfisch.at

Salzkammergut Fischrestaurants & Hotels
www.fischrestaurants.at

Unterach
www.unterach.at

Festival Attersee Klassik
www.atterseeklassik.at

Gustav Mahler und Gustav Klimt am Attersee
www.mahler-steinbach.at
www.attersee.at

Attergau
www.attergau.at

Attergauer Kultursommer
www.attergauer-kultursommer.at

Keltenbaumweg
www.attergau.at

Themenweg Das gläserne Tal Glasmuseum Weißenkirchen
www.dasglaesernetal.at

Schloss Kogl
www.schloss-kogl.at

Ferienregion Traunsee
www.traunsee.at

Gmunden
www.gmunden.ooe.gv.at

Gmundner Keramik
www.gmundner-keramik.at

Traunseeschifffahrt
www.traunseeschifffahrt.at

Seeschloss Ort
www.schlossorth.com

Thomas-Bernhard-Archiv
www.thomasbernhard.at

Fronleichnamsprozession Traunkirchen
www.traunsee.at

KZ-Gedenkstätte, Zeitgeschichtemuseum Ebensee
www.memorial-ebensee.at

Glöcklerlauf und Fetzenfasching Ebensee
www.gloecklerlauf.net
www.oberoesterreich.at

Almtal
www.almtalonline.at
www.gruenau-almtal.at

Konrad Lorenz Forschungsstelle Grünau
www.klf.ac.at

Wir danken allen Privatpersonen, Betrieben und Museen für die Genehmigung zu Aufnahmen und Veröffentlichung.

Literatur

- Bernhard Barta (Hg.): Künstler & Kaiser im Salzkammergut. Wien: Christian Brandstätter Verlag, 2008
- Erich Bernard / Elisabeth Auersperg-Breunner: Der Attersee. Die Kultur der Sommerfrische. Wien: Christian Brandstätter Verlag, 2008
- Kurt Blaukopf: Gustav Mahler oder der Zeitgenosse der Zukunft. Wien: Braumüller, 2011 (Erstausgabe 1969)
- René Freund: Aus der Mitte. Skizzen aus dem Salzkammergut. Wien: Picus Verlag, 1998
- Dietmar Grieser: Nachsommertraum. St. Pölten: Niederösterreichisches Pressehaus, 1993
- Anton Kern u.a. (Hg.): Salz-Reich. 7000 Jahre Hallstatt. Wien: Verlag des Naturhistorischen Museums Wien, 2008
- Ernst Keiter: Die Sommerfrischen am Attersee, Mondsee und Wolfgangsee. Wien: Wilhelm Braumüller K. K. Hof- und Universitätsbuchhändler, 1882
- Alfred Komarek: Österreich mit einer Prise Salz. Ein Mineral macht Geschichte. Wien: Kremayr & Scheriau, 1998
- Alfred Komarek: Salzkammergut. Reise durch ein unbekanntes Land. Wien: Kremayr & Scheriau, 1994
- Julia Kospach: Auf ins Salzkammergut. Verborgenes, Skurriles, Kulinarisches. Wien / Bozen: Folio Verlag, 2011
- Heinrich Noë: Österreichisches Seenbuch. München: Hugendubel Verlag, 1983 (Originalausgabe 1867)
- Yvonne Oswald: Salzkammergut. Wien: Braumüller Lesethek, 2009
- Barbara Reiter / Michael Wistuba: Salzburg & Salzkammergut. Erlangen: Michael Müller Verlag, 2009
- Susanne Rolinek / Gerald Lehner / Christian Strasser: Im Schatten der Mozartkugel. Reiseführer durch die braune Topografie von Salzburg. Wien: Czernin Verlag, 2009
- Christoph Wagner / Kurt-Michael Westermann: Salzkammergut. Natur- und Kulturlandschaft. Wien: Edition Christian Brandstätter, 1996

Bilder Rückseite:
Oben: Schloss Kogl
Unten: Am Traunsee

Register